No.1 SCIENCE COMICS

Why? 카메라

예림당

Why? 카메라

2019년 2월 1일 2판 1쇄 발행
2021년 5월 20일 2판 5쇄 발행

펴낸이 | 나춘호
펴낸곳 | (주)예림당
등록 | 제2013-000041호
주소 | 서울특별시 성동구 아차산로 153
구매 문의 전화 | 561-9007
팩스 | 562-9007
책 내용 문의 전화 | 3404-9214
http://www.yearim.kr
ISBN 978-89-302-3789-5 74080
ISBN 978-89-302-3700-0 (세트)

STAFF

내용을 꼼꼼히 감수해 주신 분

주종우

중앙대학교 공연예술창작학부 사진전공 교수로, 국가기술표준원 사진분과 전문위원과 현대사진영상학회 운영위원 등을 맡고 있습니다. 또한 광고 사진 스튜디오 실장으로도 활발하게 활동 중입니다. 〈프로가 알려주는 DSLR 사진 잘 찍는 방법〉을 우리말로 옮겼습니다.

밑글을 재미있게 써 주신 분

전윤경

책이 좋아 어린이 도서 전문 출판사에 들어가 학습만화, 동화, 그림책, 어린이백과 등 다양한 책을 기획, 편집했습니다. 지금은 어린이 책에 직접 글을 쓰며 더 좋은 책을 만들기 위해 매진하고 있습니다. 쓴 책으로는 〈런닝맨 급수한자 시리즈〉〈Why? 기생충〉 등이 있습니다.

재미있는 만화를 그려 주신 분

문정완

법률 만화 〈만화 형법〉으로 데뷔한 후, 다수의 어린이 만화와 잡지 등을 만드는 데 참여했습니다. 어린이가 스스로 지식을 얻고 표현할 수 있는 좋은 책을 만들기 위해 노력하고 있습니다. 최근작으로는 〈Why? 의료 기기〉〈Why? 멸종 위기 동식물〉〈Why? 토목과 건축〉 등이 있습니다.
e-mail : ryongma@naver.com

책임개발 | 백광균/박효정 서인하
디자인 | 이정애
사진 | 이건무
저작권영업 | 문하영 김유미
제작 | 신상덕
마케팅 | 임상호 전훈승

Why?

카메라를 내면서

어두운 방의 지붕이나 벽에 아주 작은 구멍을 뚫으면, 그곳으로 빛이 들어와 반대쪽 벽에 바깥 풍경이 거꾸로 나타나게 됩니다. 먼 옛날부터 이런 자연 현상을 경험한 사람들은 벽에 비친 풍경을 그대로 보존하는 방법을 오랜 세월에 걸쳐 연구했고, 수많은 노력 끝에 지금의 카메라가 탄생했습니다.
요즘 카메라는 우리 생활과 가장 친근한 도구입니다. 멋진 풍경을 보거나 맛있는 것을 먹을 때 누구나 쉽게 휴대 전화 카메라로 사진과 영상을 찍어 SNS에 올립니다. 경찰은 중요한 사건 현장을 찍어 기록으로 남기고, 회사는 상품을 팔기 위해 광고 사진을 찍어 홍보합니다. 과학자들은 현미경 사진으로 미생물을 관찰하지요. 이뿐인가요? 정지된 상을 연결해 움직이는 상을 보여 주던 동영상은, 이제 3D 입체 영상을 넘어 가상 현실과 결합하여 실제와 혼동할 정도로 생생한 현장감을 주고 있습니다. 또한 지능형 CCTV는 인공 지능을 기반으로 특정 행위를 탐지해 사고를 예방하고, 특정인의 얼굴을 인식한 뒤 추적해 나가는 것은 물론 교통사고가 나면 알아서 구조를 요청하는 등 앞으로 우리의 든든한 지킴이가 되어 줄 것입니다.
이 책에서는 카메라의 탄생과 발전 과정, 원리를 살펴보고 비디오카메라와 블랙박스, AI CCTV 등에 대해 알아봅니다. 책을 통해 사회 전 분야에 걸쳐 다양한 용도로 쓰이고 있는 중요한 도구, 카메라에 대해 제대로 아는 기회가 되었으면 합니다.

*부모님이 함께 읽고 지도해 주시면 더욱 좋습니다.

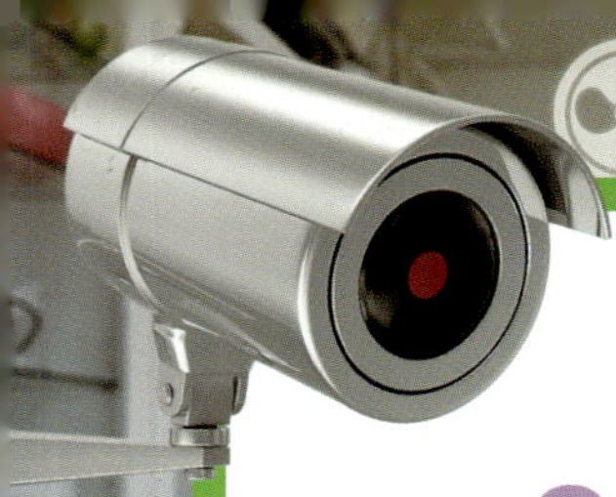

CONTENTS

Nikon

Why?

과학을 잘하고 싶다면 우리 주변의 모든 것에

'왜?'라는 질문을 던져 보세요.

과학은 아주 작은 호기심에서 출발합니다.

CHARACTER

꼼지

엄마와 오랫동안 떨어져 지내면서 의기소침해졌다. 친구들과 잘 어울리지만 마음속에는 온통 보고 싶은 엄마 생각뿐이다.

엄지

하고 싶은 건 꼭 해내야 직성이 풀리는 성격이다. 꼼지와 만세를 설득해 함께 사진 공모전에 참가한다.

만세

어떤 상황에서든 긍정적으로 생각하며 아이디어가 번뜩인다. 엉뚱한 말을 잘해 꼼지와 엄지에게 웃음을 준다.

신 작가

엄지의 아빠로, 유명한 사진작가이다. 아이들의 멘토 역할을 하며, 공모전에 참가할 수 있도록 돕는다.

공모전에 참가하자!

꺄아
하하하
킥킥킥
슥
얘들아!
어제 내가 얘기한 거 생각해 봤어?
아, 사진 공모전에 같이 참가하자는 거?
그냥 혼자 하지 그래?
세 명이 한 팀으로 작품을 내야 한단 말이야.
사진으로 이야기를 엮는 거라, 그렇게 어렵지도 않아.

귀찮아. 난 안 할래.
나도 별로.
좋아, 너희가 그렇게 나온다면!
이거, 만세 너 줄게!
탁
어?
이건, 돈이 있어도 못 구한다는 한정판 〈운명의 기사〉 게임팩?
뭐, 싫으면 말고.
샥
친구의 부탁을 거절할 수는 없지. 난 의리파니까!
훗!
덥석
꼼지 너, 이거 사려다 못 샀지?
어? 그거 다 팔렸댔는데?

여기 분홍 장미가 그려진 손수건이 있었는데요….
흐흐흐!
어쩌죠? 누가 사 갔나 보네요. 그게 마지막이었어요.
엄마한테 꼭 선물하고 싶었던 건데.
이거 받고 공모전 할래, 말래?
그게….
머뭇머뭇
근데 넌 왜 갑자기 공모전에 참가하려는 거야?
그거야… 미래를 위한 투자랄까? 공모전 수상 경력이 있으면 좋잖아.
쫑긋
미래를 위한 투자는 무슨! 엄지 너, 솔직히 나 때문에 공모전에 나가려는 거지?
그게 무슨 소리야?
지난주 수행 평가에서 나한테 진 게 분해서 이러는 거잖아.
바르르

수행 평가? 〈우리와 함께 살아가는 동물들〉 사진 찍었던 거?
맞다! 진주 점수가 제일 높았지? 엄지가 2등이었고.
아빠가 유명한 사진작가인데도 나한테 졌으니, 공모전으로라도 만회하고 싶겠지.
그런 거 아니거든?
바락
뭐, 열심히 해 봐. 우승은 어림없겠지만!
척
뭐라고?
화르륵
호호호호!
저게!
씩
씩
아무래도 진주 말이 맞는 거 같은데?
그런가…?
속닥 속닥
그때 네가 3등, 내가 4등이었잖아.
아아, 맞네! 그래서 우리한테 공모전 같이 하자는 거구나.

근데 쟤네는 왜 맨날 저렇게 으르렁대?
부르르
내가 같은 유치원 나와서 아는데, 쟤네 유치원 다닐 때부터 그랬어.
안녕? 난 엄지야.
반가워, 난 진주야.
파직
똑똑해 보이네?
꽤 예쁜데?
특히 둘 다 유치원 체육 선생님을 좋아하면서 사이가 틀어졌지.
얘들아….
너 저리 안 가?
선생님은 내 거야!
쭈
욱
그 뒤로 사사건건 부딪히며 지금까지 오게 된 거야.
사랑의 라이벌로 시작해서 아직도 라이벌인 건가?
하여간 둘 다 보통 성격은 아니야.
그건 그래.
내 성격이 뭐?
아, 아냐!

떡볶이 먹고 갈래?
진짜 안 해? 아빠한테 오늘 사진 찍는 법 가르쳐 달라고 했단 말이야.
좋아.
슥
오늘은 엄마 보러 가야 해서 정말 안 돼.
아, 요양 병원 가는구나.
그럼, 오늘 말고 다음 주부터 같이하자!
미안해, 엄지야. 난 그냥 빼 줘.
주말 잘 보내! 월요일에 보자.
힝, 같이하면 좋은데.
안 넘어오네.
다다다다

벌컥
아빠, 저 왔어요! 빨리 엄마한테 가요!
왔니?
아빠는요…?
회사에 급한 일이 생겼나 보더라. 주말 내내 집에 못 온다네.
네…? 오늘 엄마한테 가기로 했어요. 얼마나 기다렸는데요….
그래, 아빠도 정말 가고 싶어했어.
저번에도 그랬잖아요. 매번 이런 식이야. 아빠는 거짓말쟁이야!
꼼지야, 그게 아니라 아빠는….
꼬옥
아빠 진짜 미워!
팟
꼼지야!

카메라란 뭘까?

꼼지야!
톡
왜 아직 여기 있어? 엄마한테 안 갔어?
아빠 회사에 일이 생기는 바람에 못 가게 됐어.
후유
오, 역시 우린 같이할 운명인가 봐!
응?
척
아까 얘기했잖아, 오늘 아빠가 사진 찍는 법 가르쳐 주기로 했다고.
잘됐네, 일단 같이 가자.
저벅
저벅

끙~
결국 끌려와 버렸네.
반갑다, 얘들아.
영광이에요, 아저씨.
우리 아빠셔. 꽤 유명한 사진 작가시지.
저도요!
자, 소개 끝났으니 어서 시작해요!
어이구, 급하긴!
엄지는 사진 잘 찍는 법부터 알려 달라지만, 난 무엇보다 기초가 중요하다고 생각해.
아빠는 맨날 기초 타령이라니까.
휴
자, 질문! 카메라가 뭐지?
불쑥
사진 찍는 도구요…?
맞아, 그럼 카메라는 왜 필요할까?

*SNS : Social Network Service의 줄임말로, 사회 관계망 서비스라고도 한다.
사람들 사이의 관계를 구축해 주는 온라인 서비스이며 페이스북과 트위터 등이 대표적임

카메라의 활용

카메라는 개인의 일상이나 사건 기록뿐만 아니라 과학, 의학, 상업, 공업 등 사회 전 분야에 걸쳐 다양한 용도로 쓰이고 있다. 현대 사회에서 없어서는 안 되는 중요한 도구인 것이다.

상품 사진을 찍어 광고에 활용한다.

천체 사진이나 현미경 사진 등은 과학 연구에 활용한다.

몸속을 촬영해 건강 상태를 확인한다.

지형을 살피려고 드론을 이용해 항공 촬영을 한다.

카메라

카메라는 크게 정지 상태의 사진을 찍는 스틸 카메라와 움직이는 영상을 촬영하는 비디오카메라로 나눌 수 있다. 예전에는 스틸 카메라와 비디오카메라가 따로 있었지만, 지금은 두 가지 기능을 동시에 하는 카메라도 많다.

스틸 카메라　　　　비디오카메라

눈과 닮은 카메라

그럼 이쯤에서 다시 한번 질문!
꿀꺽
사진을 찍는다는 건 뭘까?
사람이나 풍경을 카메라에 담는 거요.
어떻게 담을 수 있는데?
글쎄요….
그건 잘….
머뭇
빛이요! 카메라는 빛이 만든 이미지를 기록하는 장치예요!
척
얘네한테 물어봤거든?
누가 대답하면 어때요? 얼른 진도 팍팍 빼 주세요!
엄지 말대로 카메라는 빛이 만든 이미지, 즉 상을 기록하는 장치야.
빛을 기록해요?

* 피사체 : 사진을 찍는 대상이 되는 물체

볼록 렌즈는 가운데가 볼록하고, 오목 렌즈는 가운데가 오목해.
볼록 렌즈
오목 렌즈
빛은 다른 물질을 만나면 경계 면에서 꺾이는데, 이 현상을 굴절이라고 한다. 공기 중에서 곧게 나아가는 빛은 물을 만나면 방향이 꺾인다.
빛
공기
물
빛은 두꺼운 쪽으로 굴절되는 성질이 있어. 그래서…
볼록 렌즈에서는 빛이 모이고, 오목 렌즈에서는 빛이 퍼지죠?
볼록 렌즈는 빛이 가운데로 굴절되어 한 점에 모인다.
오목 렌즈는 빛이 바깥으로 굴절되어 퍼진다.
맞아! 수업 열심히 들었나 본데?
당연하죠!
그럼 카메라는 빛을 모은댔으니까, 볼록 렌즈를 쓰겠네요?
그렇겠다!
짝

구면 수차와 색 수차

카메라 렌즈의 초점이 잘 맞지 않으면 상이 흐려지는 구면 수차와 색이 번져 보이는 색 수차가 일어나기도 한다. 이러한 결함을 해결하기 위해 볼록 렌즈와 오목 렌즈 여러 개를 조합해서 렌즈를 만드는데, 이를 복합 렌즈라고 한다.

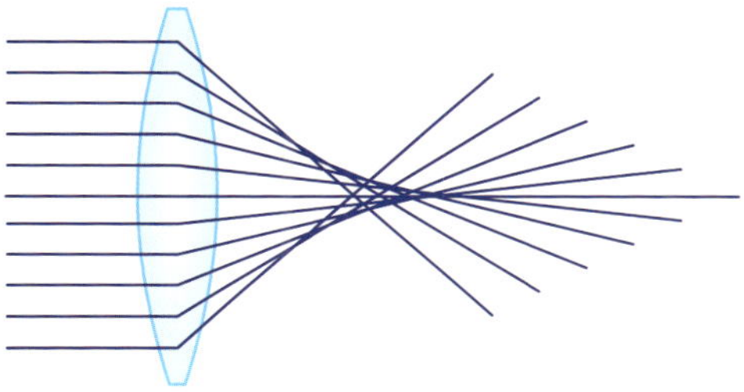

구면 수차
렌즈의 굴절 정도에 따라 초점이 여러 개 생겨 상이 흐려진다.

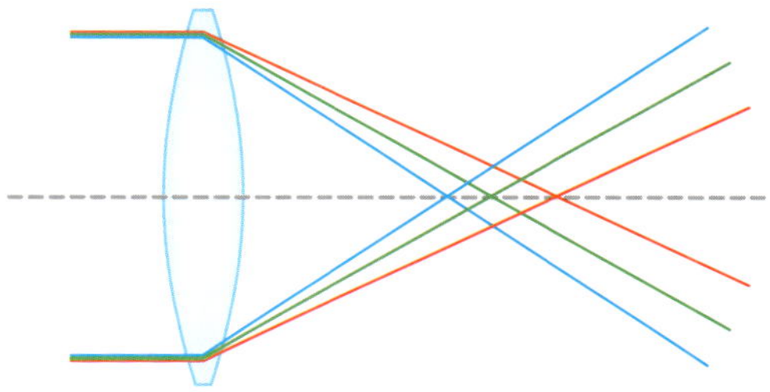

색 수차
빛의 색깔에 따라 꺾이는 정도가 달라 흰빛이 무지개 색으로 번져 보인다.

* 트리플렛형 렌즈 : 세 개의 단일 렌즈로 구성된 렌즈
* 가우스형 렌즈 : 요철 렌즈(한쪽은 볼록하고 한쪽은 오목한 렌즈)를 대칭으로 배치한 렌즈

디지털카메라는 크게 렌즈, 조리개, 셔터, 몸체, 뷰파인더, 이미지 센서 등으로 구성되어 있다. 렌즈를 통해 빛이 들어와 이미지 센서에 상을 맺는다.

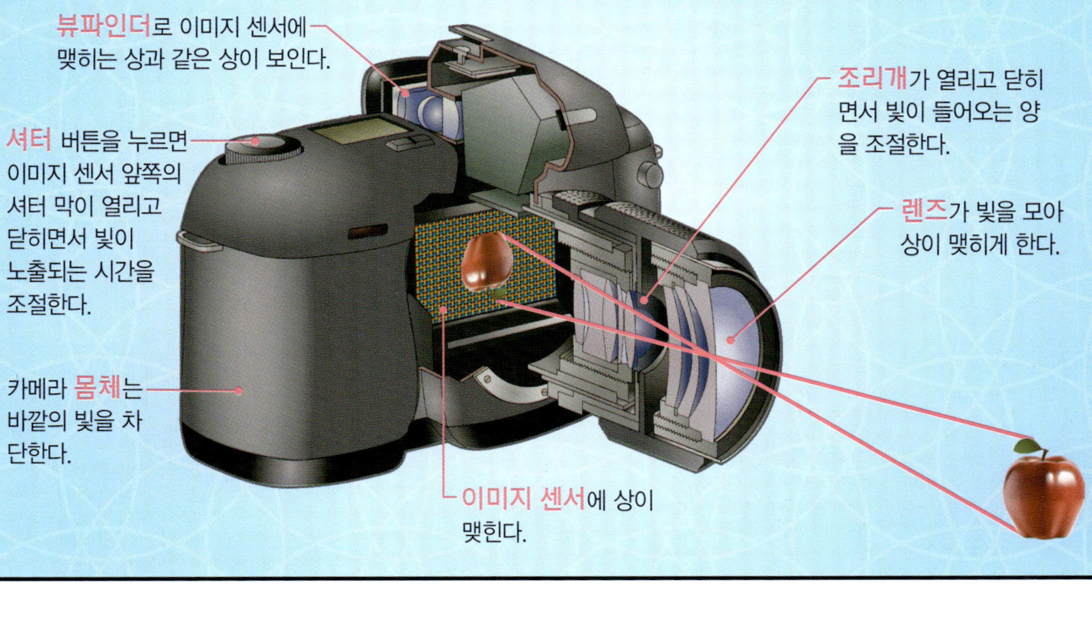

겉으로 보이는 거랑은 또 다르네.
오, 이렇게 되어 있구나.
그리고 이건 우리 눈의 구조야.
슥

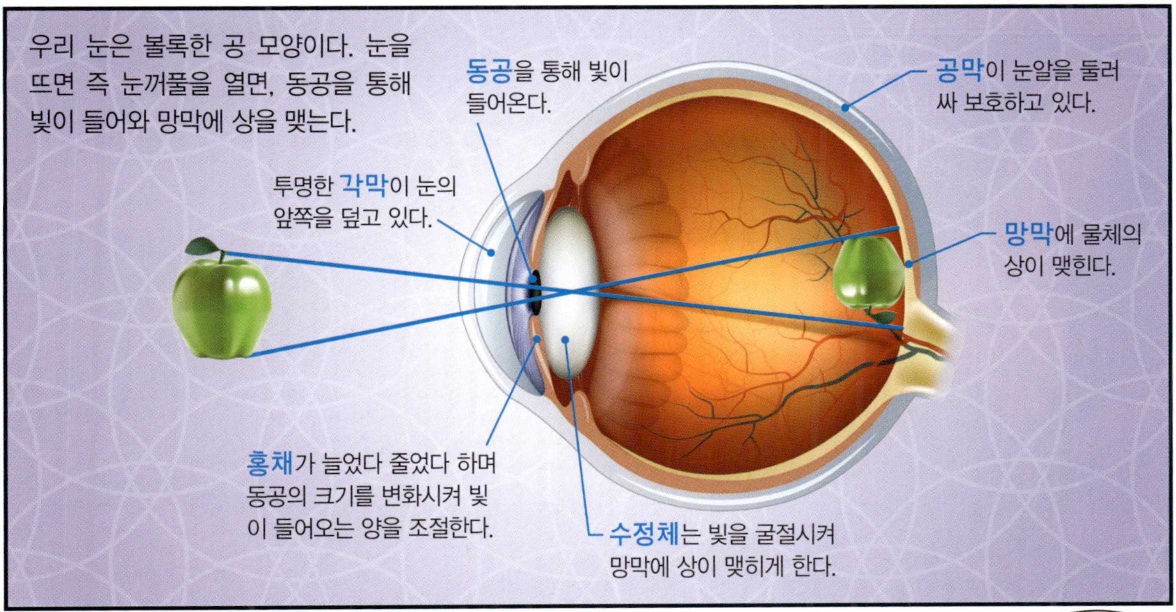
우리 눈은 볼록한 공 모양이다. 눈을 뜨면 즉 눈꺼풀을 열면, 동공을 통해 빛이 들어와 망막에 상을 맺는다.
동공을 통해 빛이 들어온다.
공막이 눈알을 둘러 싸 보호하고 있다.
투명한 각막이 눈의 앞쪽을 덮고 있다.
망막에 물체의 상이 맺힌다.
홍채가 늘었다 줄었다 하며 동공의 크기를 변화시켜 빛이 들어오는 양을 조절한다.
수정체는 빛을 굴절시켜 망막에 상이 맺히게 한다.

어때? 우리 눈과 카메라가 정말 비슷하지?
갸웃
비슷한 것 같기도 하고….
카메라가 빛을 기록하는 과정과 눈에 상이 맺히는 과정을 비교해 보면 확실히 알 수 있어.

카메라와 눈의 구조

카메라

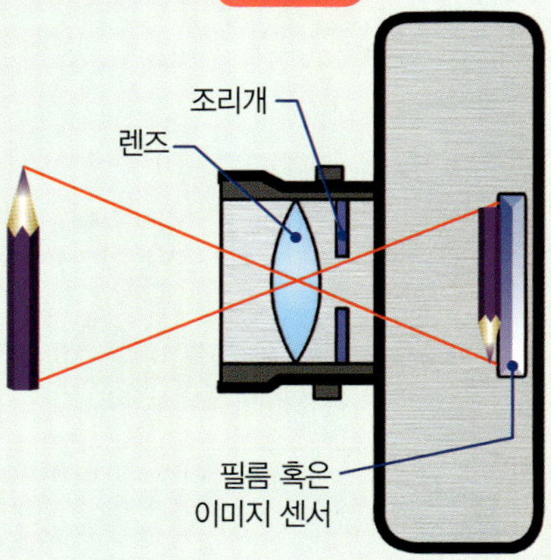

빛이 **렌즈**를 지나며 굴절된다.

↓

조리개가 들어오는 빛의 양을 조절한다.

셔터가 열렸다 닫히며 빛에 노출되는 시간을 조절한다.

↓

필름이나 **이미지 센서**에 상이 맺힌다.

눈

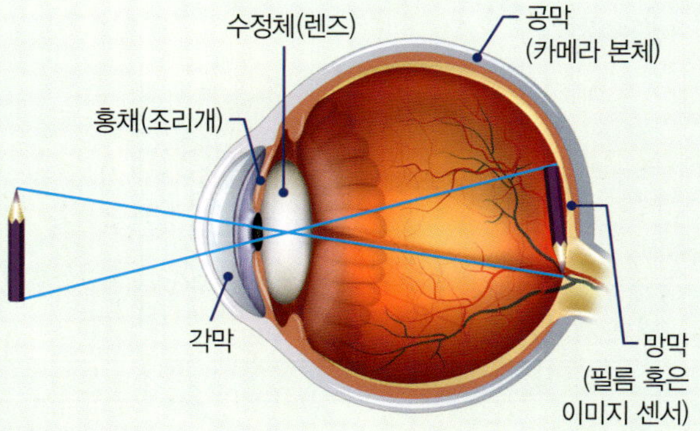

빛이 **각막**과 **수정체**를 지나며 굴절된다.

↓

홍채가 들어오는 빛의 양을 조절한다.

눈꺼풀이 열렸다 닫히며 빛에 노출되는 시간을 조절한다.

↓

망막에 상이 맺힌다.

빛을 담는 카메라

자, 그럼 이제 본격적으로 카메라 이야기를 시작해 볼까?
카메라라는…
슥
잠깐!
웁!
너 갑자기 왜 그래?
공모전 같이 나간다고 약속하면 계속 듣게 해 줄게. 아니면 이제 그만 집에 가!
역시 우리 딸 대단해!
뭐?
얼른 결정해!
어쩌지? 지금은 집에 들어가고 싶지 않은데….
그럼, 꼼지는 먼저 집에 가는 걸로!
아, 아냐! 같이할게. 공모전!
턱
너 나중에 딴말하기 없기다!
알았어….
큭큭, 역시 엄지야!
흐흐흐

아빠, 이제 시작해 주세요!
하하하, 그래.
찡긋
털썩
얘들아, 저 사진 좀 볼래?
척
방에 풍경이 있네요?
어? 풍경이 거꾸로예요!
우리 아빠가 좋아하는 사진이야. '카메라 오브스쿠라'를 이용한 작품이거든.
그게 뭔데?
어두운 방의 벽에 아주 작은 구멍을 뚫으면, 그 구멍으로 빛이 들어와 반대쪽 벽에 바깥의 풍경이 보여. 위와 아래, 왼쪽과 오른쪽이 뒤집힌 채로 말이야.
이걸 '카메라 오브스쿠라'라고 해. 라틴어로 어두운 방이라는 뜻이지.
이게 바로 카메라에 상이 맺히는 기본 원리야.

바늘구멍 사진기 만드는 방법

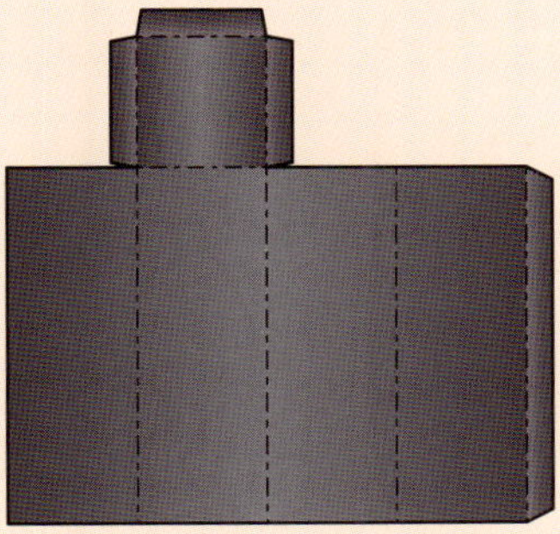

❶ 두꺼운 검은 종이로 한쪽이 막힌 기다란 직육면체 모양의 겉 상자를 만든다.

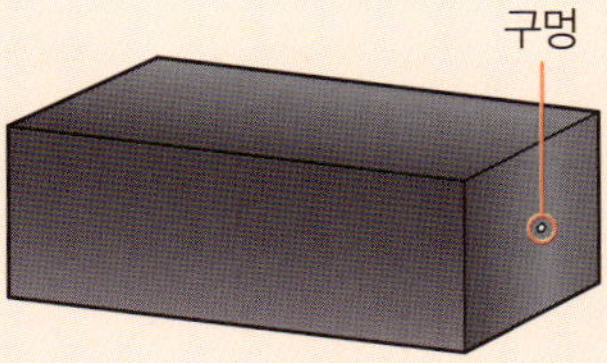

❷ 막힌 면에 바늘이나 핀으로 작은 구멍을 낸다. 구멍이 작아야 상이 선명하게 맺힌다.

❸ 겉 상자보다 조금 작은 속 상자를 만든다. 속 상자는 막힌 면이 없다.

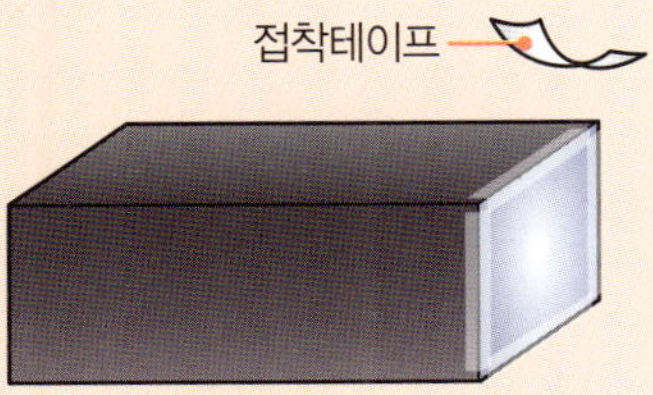

❹ 속 상자의 한쪽 면에 기름종이를 붙인다. 주름이 지지 않게 팽팽하게 붙인다.

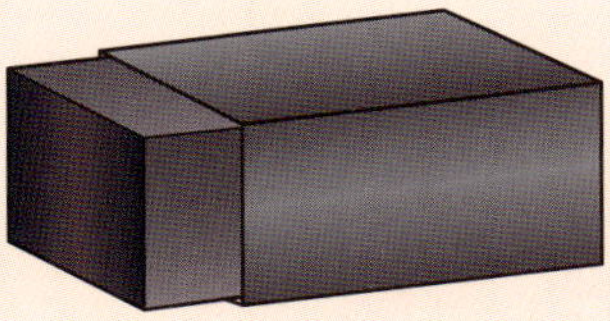

❺ 기름종이를 붙인 면이 안쪽으로 들어가도록 속 상자를 겉 상자 안에 집어넣는다.

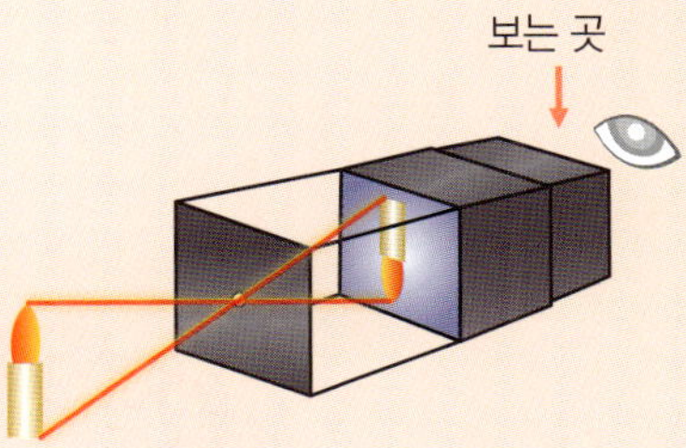

❻ 물체를 바늘구멍 앞에 두면 기름종이에 상하좌우가 뒤집힌 물체의 상이 비친다.

카메라 오브스쿠라는 누가 발명한 거예요?
누가 발명한 게 아니라 자연 현상이야. 수천 년 전부터 사람들은 이 현상을 알고 있었어.
카메라 오브스쿠라는 기원전 5세기 중국의 사상가 묵자의 책에도 나와 있다. 기원전 4세기 그리스의 철학자 아리스토텔레스도 이 현상으로 일식을 관찰했다고 한다.
이미 아는 현상이지.
누군 몰랐나?
한때 유럽에서는 카메라 오브스쿠라의 원리를 이용해 풍경이 비치는 벽에 종이를 붙여 풍경의 밑그림을 그리는 것이 일반화되기도 했다.
빛
구멍을 크게 뚫으면 바깥 풍경이 더 많이 보여요?
휘익
그렇진 않아.
사방으로 퍼지는 빛 중 바늘구멍을 통과한 빛만 벽에 닿는데,
구멍이 크면 빛이 여러 곳에 닿게 되어 상이 흐려지거든.
바늘구멍이 작으면 상이 선명하게 보인다.
바늘구멍이 크면 상이 퍼져서 흐려진다.

커다란 방 형태였던 카메라 오브스쿠라는 나중에는 가지고 다닐 수 있을 만큼 작아졌어. 그리고 획기적인 발명이 있었지.
그게 뭔데요?
구멍에 렌즈를 단 거야!
16세기에 이탈리아의 수학자 카르다노가 처음으로 카메라 오브스쿠라에 볼록 렌즈를 달면서 더 선명한 상을 얻을 수 있게 되었다.
볼록 렌즈를 쓰면 빛을 모을 수 있지!
지롤라모 카르다노 (1501~1576년)
이후에는 내부에 빛을 반사시키는 거울인 반사경을 달았는데, 반사경이 상을 위아래로 뒤집어 상하가 똑바른 상을 볼 수 있었다. 유리판 위에 종이를 놓고 상을 따라 그렸다.
유리판
렌즈
반사경
근데 저건 카메라 오브스쿠라 원리를 이용한 그림이 아니라 사진이잖아요.
카메라는 상을 어떻게 저장해요?
오! 좋은 질문이야!
역시, 내가 팀원 하난 참 잘 골랐다니까!

필름이 등장하다

카메라는 상을 어디에 기록하느냐에 따라 필름 카메라와 디지털 카메라로 나뉘어.
필름 카메라
디지털카메라
필름
이미지 센서
슉

지금은 디지털카메라를 많이 사용하지만, 디지털카메라가 발명되기 전에는 필름 카메라를 사용했어.

필름 카메라는 뒷면을 열고 필름을 끼워서 쓴다. 뒷면을 닫고 필름 감는 레버를 당기면 필름이 감긴다.

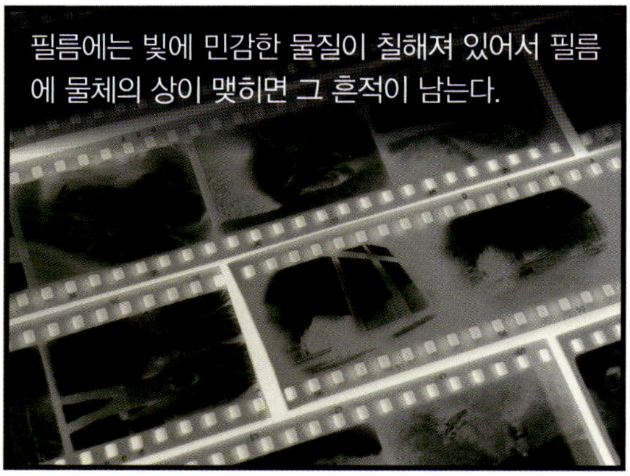

필름에는 빛에 민감한 물질이 칠해져 있어서 필름에 물체의 상이 맺히면 그 흔적이 남는다.

그럼 카메라 오브스쿠라도 필름을 사용했어요?
비슷해.

카메라 오브스쿠라에 비친 풍경을 처음으로 보존하는 데 성공한 사람은 프랑스의 발명가 니엡스였다.
드디어 방법을 찾았어!
조제프 니엡스
(1765~1833년)

헬리오그래피

니엡스는 비투먼(아스팔트의 일종)을 이용해 풍경을 보존했다. 금속판에 비투먼을 칠하고 카메라 오브스쿠라에 장착해 햇빛에 노출시키면, 햇빛이 닿은 부분이 굳어서 하얗게 변한다. 이후 굳지 않은 부분을 씻어 내면 풍경이 남게 되는 것이다.

니엡스가 발명한 이 방법은 '태양으로 그린 그림'이라는 뜻의 헬리오그래피라고 한다. 오른쪽 사진은 1826년 니엡스가 헬리오그래피로 찍은 창밖의 풍경이다.

다게레오타입 카메라

렌즈가 달린 나무 상자와 이보다 조금 작은 유리를 붙인 나무 상자를 연결해 만든 카메라다. 은판(은을 입힌 구리판)을 아이오딘에 감광시켜 빛에 민감하게 만들고, 카메라에 은판을 넣고 사진을 찍었다. 그런 다음 은판을 수은 증기에 쐬어 이미지가 드러나게 한 뒤, 소금물에 담가 이미지를 고정시켰다. 이 방법은 사진 찍는 시간을 8시간에서 20분으로 단축시킨 획기적인 발명이었다.

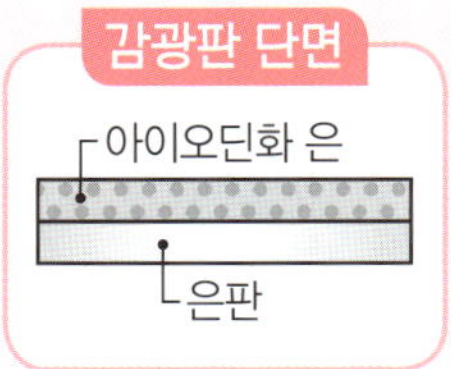

은판을 넣은 나무틀을 앞뒤로 움직여 렌즈의 초점을 맞추었다.

1837년 다게레오타입 카메라로 처음 찍은 정물

1838년 다게레오타입 카메라로 찍은 파리의 거리

*감광 : 빛을 쪼여 화학적 변화를 일으키는 것
*감광 유제 : 필름 따위가 빛에 반응하도록 위에 바르는 액체 상태의 물질

다게레오타입 카메라로 찍은 사진을 보관하던 액자

꼼지야,
이거 가져가.
슥
정말…?
고마워.
고맙긴. 원래
공모전 같이하면
주기로 했잖아.
할머니,
저 왔어요.
이제 오니?
배고프지?
어서 밥
먹어라.
꼼지야, 아빠를
너무 미워하지 마.
아빠는…
할머니,
아빠 얘긴 안
들을래요.
손 씻고
올게요.
언제까지
비밀로 할
건지….
쌩

카메라 박물관으로

자, 여기가 바로 카메라 박물관이야.
척
카메라 박물관
왠지 으스스한데요?
엄마, 박물관이 좀 무서워요.
그러게. 관람객도 없고.
끼익
아니야, 여기 얼마나 재밌는 곳인데!
그런데 정말 저희 둘만 가요?
미안. 그게 그렇게 되어 버렸네.
아빠가 오늘 할머니 생신인 걸 잊어버렸지 뭐야. 방금 전화받고 알았다니까!
하하…. 요즘 자꾸 깜박깜박해.
삐죽

제대로 보고 나한테 얘기해 줘!
알았어. 할머니네 조심히 다녀와!
부웅
이제… 들어갈까?
스스스
응.
끼익
여기 분위기 진짜 이상하다.
뭐가 튀어나올 것 같아.
꿀꺽

뭐, 뭔가
지나갔어!
획
기분
탓이겠지.
그런가?
어?
쌩
으악!
슥
너희, 꼼지랑
만세지?
드라큘라?
부들
부들
으아아악
다다다다
두둥
으악,
유령이야!
끄악

요 녀석! 살아 있는 사람한테 유령이라니!
턱
아… 그러니까 재는 이 박물관의 안내 로봇이고,
할아버지는 박물관 관장님이라고요?
그렇다니까.
나는 박물관의 귀여운 마스코트, 이름은 큐라!
윙
윙
드라큘라라서 큐라야?
카메라 오브스쿠라의 큐라거든?
윙
윙
근데 왜 드라큘라를 닮았어요?
'쿠라'라는 말에서 드라큘라가 연상되잖아. 내 천재적인 개그지.
어험
대체 어디가 개그라는 거야?
하나도 안 웃겨.
소곤
글쎄.
소곤
내 말이.

사진의 발전 과정

신 작가한테 미리 전화는 받았다. 카메라의 역사를 알고 싶다고?
네!
그럼, 이쪽으로 오너라.
휙
이곳에는 초기의 카메라가 전시되어 있어.
윙
윙
윙
어, 다게레오 타입 카메라도 있네.
여기까지 알아요.
오, 그래?
다게레오타입은 당시에 큰 인기를 끌었어. 그런데 마음이 편치 않은 사람이 한 명 있었지.
그게 누군데요?
갸
웃
탤벗! 그 사람은 풍경을 종이에 옮기는 방법을 이미 알고 있었거든.
내가 먼저 알아냈다고!
슥
윌리엄 헨리 폭스 탤벗 (1800~1877년)

영국의 화학자, 탤벗은 1835년에 종이에 풍경을 재현해 내는 '포토제닉 드로잉'을 발명했다. 질산 은 종이는 햇빛을 받은 부분이 어둡게 변한다는 점을 이용한 것이었다.

❶ 은의 질산화물 용액에 흰 종이를 담가 질산 은 종이를 만든다.

❷ 질산 은 종이 위에 나뭇잎을 얹고 햇빛을 쬔다.

❸ 햇빛을 받은 부분이 까매져 나뭇잎이 종이에 드러난다.

1839년 포토제닉 드로잉으로 촬영한 나뭇잎 사진

양화(포지티브)는 밝기가 실물과 똑같이 보인다. 밝은 부분이 밝게, 어두운 부분이 어둡게 나온다.

음화(네거티브)는 밝기가 실물과 반대로 보인다. 밝은 부분이 어둡게, 어두운 부분이 밝게 나온다.

칼로타입 카메라

감광판 단면

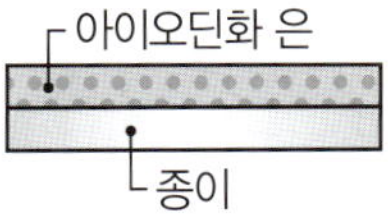

다게레오타입에서는 사진을 찍으면 은판에 바로 양화가 나타났다. 반면 칼로타입은 음화를 만들고 이것을 다시 양화로 바꾸는 방식이었다. 다게레오타입에는 없던 현상 과정을 추가한 것이다. 노출 시간이 1분 정도로 짧아졌고, 한 번의 촬영으로 똑같은 사진을 여러 장 만들 수 있었다. 현대 사진의 기본이 되는 기술이다.

1842년 칼로타입으로 찍은 탤벗의 여동생 사진

칼로타입 현상 과정

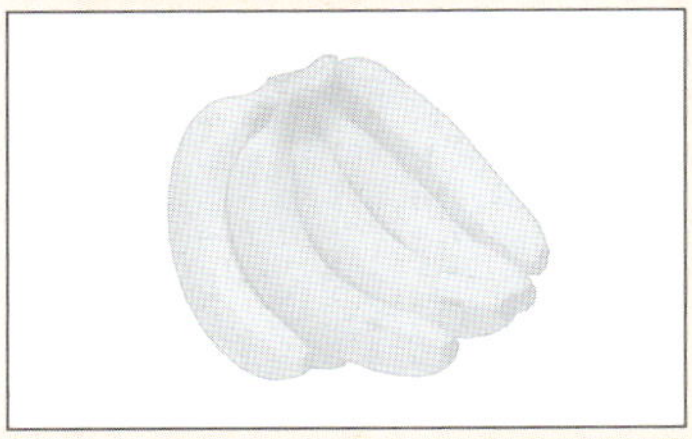

❶ 질산 은과 아이오딘화 포타슘 용액에 담근 종이를 카메라에 넣고 촬영하면 잠상이 생긴다.

❷ 이 종이를 아세트산으로 산성화한 질산 은 수용액으로 현상하면 보이지 않던 잠상이 음화로 나타난다.

❸ 이 음화를 다시 양화로 바꾸어 염화 은 감광지에 인화하면 사진이 완성된다.

*현상 : 빛에 노출된 필름을 약품 처리해 상이 보이게 하는 것
*잠상 : 눈에 보이지 않는 상. 현상 처리를 하면 눈으로 볼 수 있게 됨

사진집에 실린 파리의 풍경 사진

콜로디온 습판법

1851년 영국의 사진가인 아처가 발명한 방법이다. 콜로디온이라는 물질과 아이오딘화 포타슘을 유리 위에 바르고 질산 은 용액을 넣어 감광시킨 다음, 젖은 상태로 판을 카메라에 넣어 사진을 찍었다. 종이 대신 유리를 사용해 5~10초의 노출로도 선명한 사진을 찍을 수 있어 큰 인기를 끌었다.

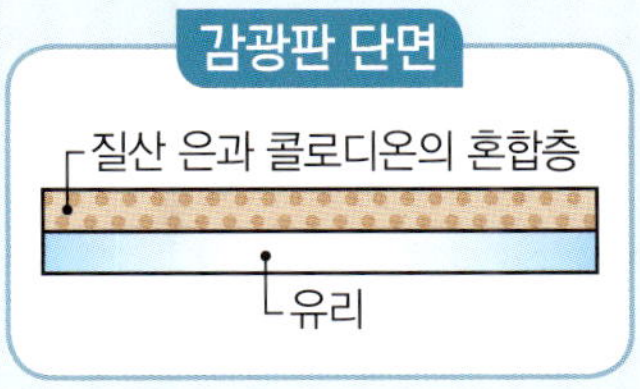

콜로디온은 알코올과 에테르를 섞은 혼합액에 니트로셀룰로오스를 녹여 만든 물질이다. 젖은 상태에서는 끈끈한 점액질 용액이지만 마르면 단단하고 투명해진다.

프레데릭 아처
(1813~1857년)

젤라틴 건판법

1871년 영국의 물리학자인 매독스가 발명한 방법으로, 브로민화 포타슘과 질산 은 수용액을 넣은 브로민화 은에 젤라틴을 섞은 감광 유제를 만들어 유리에 바른 다음 건조시켜 사용했다. 처음부터 감광판이 말라 있어 사용하기 편했지만 감도가 높지 않았고 보존도 잘 되지 않았다.

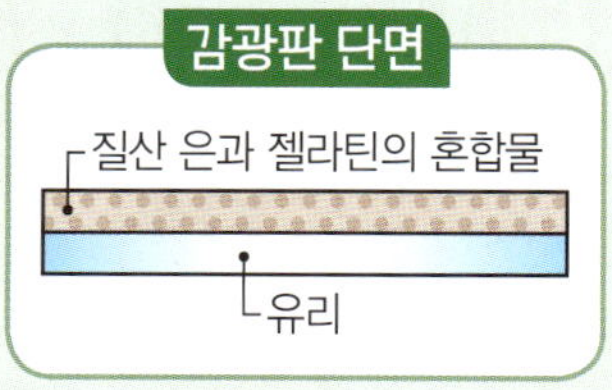

리처드 리치 매독스
(1816~1902년)

* 감도 : 필름이나 인화지가 빛을 느끼는 정도

이제 그거 보러 갈까요? 관장님이 제일 좋아하시는 그거요!
탁
그럴까?
엄청 대단한 건가?
저벅
저벅
윙
윙
윙
궁금하다!
자, 카메라 '더 코닥'을 소개하마!
세계 최초로 롤필름을 사용한 카메라야!
요즘 쓰는 그 롤필름?
그냥 나무 상자 같은데?
1884년, 미국의 사진 기술자인 이스트먼은 두루마리 형태의 롤필름 제작에 성공했다. 젤라틴 감광 유제를 종이에 발라 만든 롤필름은 카메라를 더욱 작고 가볍게 만들어 주었다.
롤필름 대량 생산 성공!
조지 이스트먼
(1854~1932년)
이스트먼은 대중용 카메라를 만드는 데 힘을 쏟았고, 1888년에 롤필름을 사용한 더 코닥 카메라 판매를 시작했어.
카메라 더 코닥

*난반사 : 빛이 여기저기로 흩어지는 현상

컬러 사진의 등장

빛의 삼원색

빛의 삼원색인 빨강, 초록, 파랑을 섞으면 다양한 색의 빛을 만들 수 있다. 빨강과 초록을 섞으면 노랑, 빨강과 파랑을 섞으면 자홍, 파랑과 초록을 섞으면 청록이 된다. 빨강, 초록, 파랑을 모두 겹치면 빛은 투명한 흰색이 된다.

불투명한 물체를 볼 때, 물체의 색은 물체가 반사하는 빛의 색으로 보인다. 빨간색은 빨간빛이, 노란색은 빨간빛과 초록빛이 같이 반사되어 보이는 것이다. 흰색은 모든 색의 빛을 반사하고 검은색은 모든 색의 빛을 흡수한다.

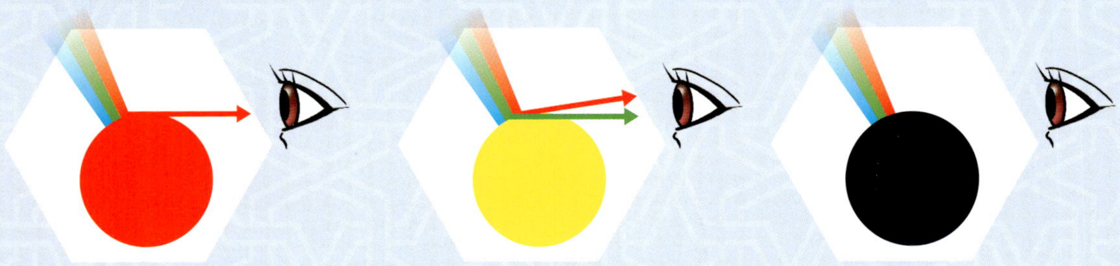

빛의 삼원색 중 빨간빛만 반사되어 눈으로 들어온다.

빨간빛과 초록빛이 반사되어 겹쳐서 노란색으로 보인다.

모든 색의 빛이 흡수되어 반사되지 않아 검은색으로 보인다.

컬러 사진의 발전

1861년

제임스 클라크 맥스웰이 컬러 사진에 성공했다. 삼원색 세 개의 이미지를 겹치고 삼원색의 양을 조절하는 가색법을 이용했다.

1869년

루이 뒤코 뒤 오롱과 샤를 크로가 흰색의 빛에서 색을 덜어 내는 감색법을 고안했다.

1907년

뤼미에르 형제가 오토크롬법을 내놓았다. 유리판에 빨강, 초록, 파랑으로 염색한 녹말가루를 뿌리고 감광 유제를 더한 천연 사진술이었다.

1935년

코닥 연구소에서 삼원색에 반응하는 3층 유제로 된 코다크롬을 생산했다. 컬러 사진이 감색법으로 실용화되었다.

컬러 필름과 감색법

1935년, 최초의 컬러 필름이라고 할 수 있는 코다크롬이 생산되기 시작해 오늘날까지 이르게 되었다. 오늘날 우리가 흔히 사용하는 컬러 필름도 감색법의 원리를 이용한다. 셀룰로이드 필름 베이스에 각각의 색층과 보호층, 헐레이션 방지층 등으로 도포되어 있다.

컬러 필름의 단면

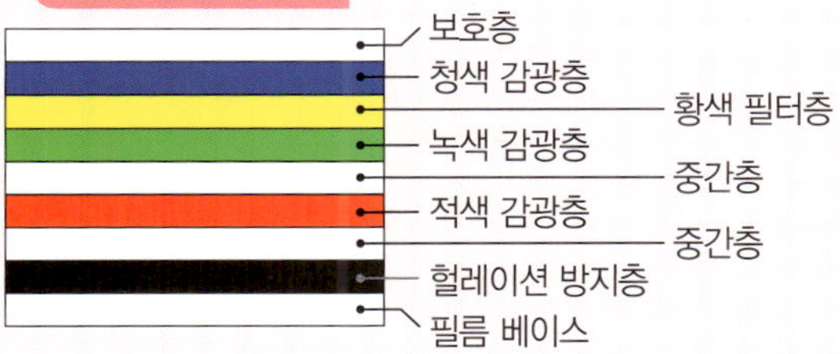

1949년 코다크롬으로 촬영한 런던의 모습

감색법의 원리

* 헐레이션 : 강한 빛이 필름에 닿았을 때, 그 면에서 투과된 빛이 필름 베이스에 반사되어 다시 유제에 닿아 감광되는 현상

어?
엄마다!
빰
빠
밤
지금 오셨다고요?
벌써 도착하셨대?
좀 아쉽다.
톡톡
두
둥
끄악!
우오오!
마지막은 역시
이 장난이지!
짝
우리 박물관의
하이라이트죠!
하나도
재미없거든요?
깜짝
놀랐잖아!
제대로
당했어!
덜덜덜

다양한 현대의 카메라

다음 날
흐음
엄마가 영상 통화 싫어하는 건 알지만….
엄마
010-0000-0000
뚜루루루
엄마 얼굴 보고 싶은데.
연결이 되지 않아…

꼼지야!
여기야! 얼른 와!
휙 휙
카메라는 가져왔지?
그럼, 당연하지!
미안. 난 못 가져왔어.
엄마 카메라가 어디 있는지 못 찾았어. 그냥 이걸로 찍으면 안 될까?
요즘은 휴대 전화 카메라도 성능이 좋아서 괜찮아.
아, 다행이에요.
만세는 어떤 카메라 가져왔어?
이거요! 아빠가 엄청 아끼시는 거예요.
슥

DSLR은 뷰파인더를 통해 눈으로 보는 장면과 이미지 센서에 저장되는 장면이 같다.

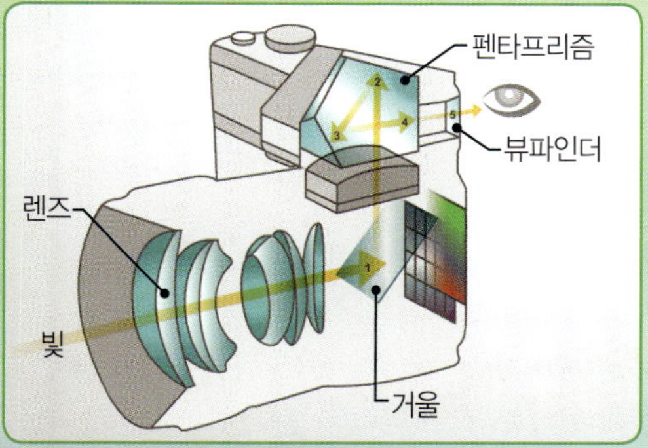

렌즈가 뷰파인더보다 아래에 있지만, 렌즈를 통해 들어온 빛이 45도로 기울어진 거울과 펜타프리즘을 지나면서 상하좌우가 바로잡힌 똑바른 상을 볼 수 있다.

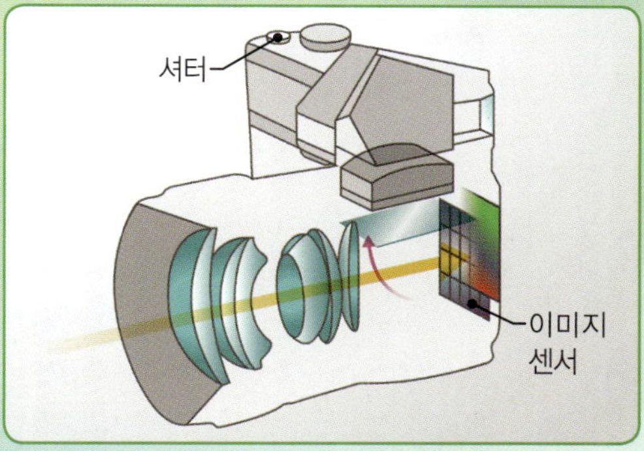

셔터를 누르면 45도였던 거울이 위로 올라가면서 뷰파인더로 보던 모습이 이미지 센서에 그대로 맺히면서 사진이 저장된다.

거울에 반사되어 상하가 바로잡힌 상은 펜타프리즘을 통과해 뷰파인더로 들어오는데, 이때 좌우가 뒤집혔던 상이 바로잡힌다.

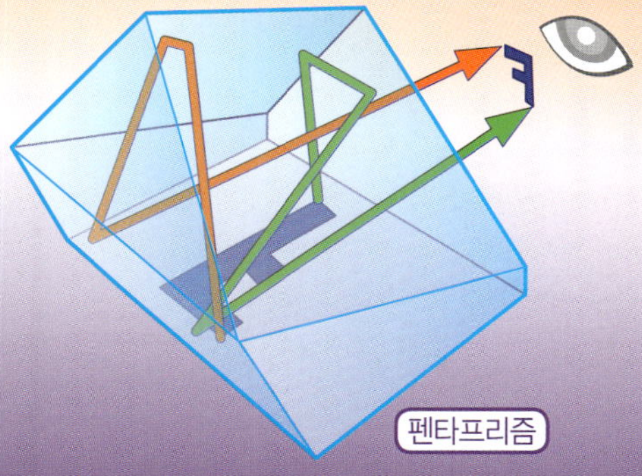

카메라의 종류

필름 카메라 디지털카메라로 인해 수요가 점차 줄고 있지만, 해상도가 높고 색 재현력이 우수하다.

일안 반사식 카메라(SLR)

렌즈가 하나인 수동 카메라로, 렌즈를 바꿔서 사용할 수 있다. 뷰파인더에서 가장 이질감 없는 상을 확인할 수 있다.

이안 반사식 카메라(TLR)

렌즈가 두 개인 수동 카메라로, 복고풍 디지털 버전을 제외하면 모두 필름 카메라다. 위쪽 렌즈는 상을 보는 렌즈이고, 아래쪽 렌즈는 실제 상을 저장하는 렌즈이다.

뷰카메라

카메라의 각 부분을 움직일 수 있어서 원근감이나 선명도를 선택할 수 있다. 크기가 크지만 건축물이나 제품 사진을 촬영할 때 좋은 사진을 얻을 수 있다.

인스턴트 카메라

폴라로이드 사에서 최초로 만든 즉석 카메라로, 촬영과 동시에 인화가 이루어진다.

디지털카메라 촬영하고 사진을 바로 확인할 수 있고, 데이터로 저장하고 전달할 수 있어 편리하다.

디지털 일안 반사식 카메라(DSLR)

SLR을 디지털 방식으로 적용한 카메라다. 용도에 따라 다양한 렌즈를 교체할 수 있다.

콤팩트 카메라

일명 똑딱이 카메라로, 가지고 다니기 좋은 소형 카메라다. 누구나 쉽게 작동할 수 있는 대신, 수동 기능이 거의 없다.

하이엔드 카메라

최고 사양의 콤팩트 카메라로, 렌즈는 바꿀 수 없지만 어느 정도 수동 기능을 사용할 수 있다.

미러리스 카메라

DSLR과 달리 내부에 거울이 없다. 콤팩트 카메라처럼 작지만, DSLR처럼 렌즈를 바꿀 수 있다. 하이브리드 카메라라고도 한다.

디지털 이미지 센서

화소

디지털 이미지는 아주 작은 사각형 점들이 모여서 만들어진다. 이 각각의 점을 화소, 다른 말로 픽셀이라고 한다. 이미지를 이루는 가장 작은 단위이다. 화소로 된 이미지는 비트맵 이미지라고 하는데 jpg, bmp, png, gif, psd, tiff 등의 확장자가 붙은 것이 바로 비트맵 이미지이다.

디지털 이미지를 크게 확대해 보면 사각형으로 되어 있다.

*확장자 : 파일 형식이나 종류를 구분하기 위해 파일명 뒤에 붙이는 알파벳 문자

*인치(in) : 길이의 단위, 약 2.54센티미터

엄지야, 너 앞으로 사진 찍을 때 해상도 낮게 해서 찍어.
왜?
그래야 흐릿해서 조금이라도 예쁘게 나올 거 아냐.
만세 너~!
부글부글
탓
으악! 살려 줘!
얘들아… 나 계속 얘기해도 될까?
끄악
물론이죠!
추욱
네….
덤비지 말았어야지.
이미지 센서는 빛을 빨강, 초록, 파랑 세 가지 색으로 받아들여.
아! 빛의 삼원색이요?
그래, 세 가지 색의 알파벳 첫 글자를 따서 RGB 방식이라고 하지.
Red
Green
Blue

이미지 센서는 아주 작은 마이크로렌즈와 컬러 필터, 포토다이오드 등으로 이루어져.
이미지 센서
이미지 센서의 단면
마이크로렌즈
컬러 필터
포토다이오드
컬러 필터에서 색을 감지하는 거예요?
맞아, 컬러 필터에서 감지한 색이 화소의 색이 되는 거야.
그리고 여기서 중요한 건 포토다이오드야. 한 개의 포토다이오드는 한 개의 화소를 뜻하지.
1 화소 = 1 포토다이오드
그럼, 300만 화소 카메라면 포토다이오드가 300만 개가 있다는 거예요?
그래.
포토다이오드는 어떤 역할을 해요?
빛을 전기 신호로 바꿔 줘. 그래서 광다이오드라고도 해.

디지털카메라의 저장 원리

렌즈를 통해 들어온 빛이 이미지 센서에 닿으면, 빛은 전기 신호로 바뀌어 ADC(아날로그 신호를 디지털 신호로 바꿔 주는 장치) 변환기를 통해 디지털 신호가 된다. 이것을 마이크로 프로세서가 받아서 사진으로 메모리 카드에 저장한다.

그런데 찍은 이미지를 LCD 모니터로 볼 때는 다시 DAC(디지털 신호를 아날로그 신호로 바꿔 주는 장치) 변환기를 통한다. LCD 모니터는 빛을 보는 화면이기 때문이다.

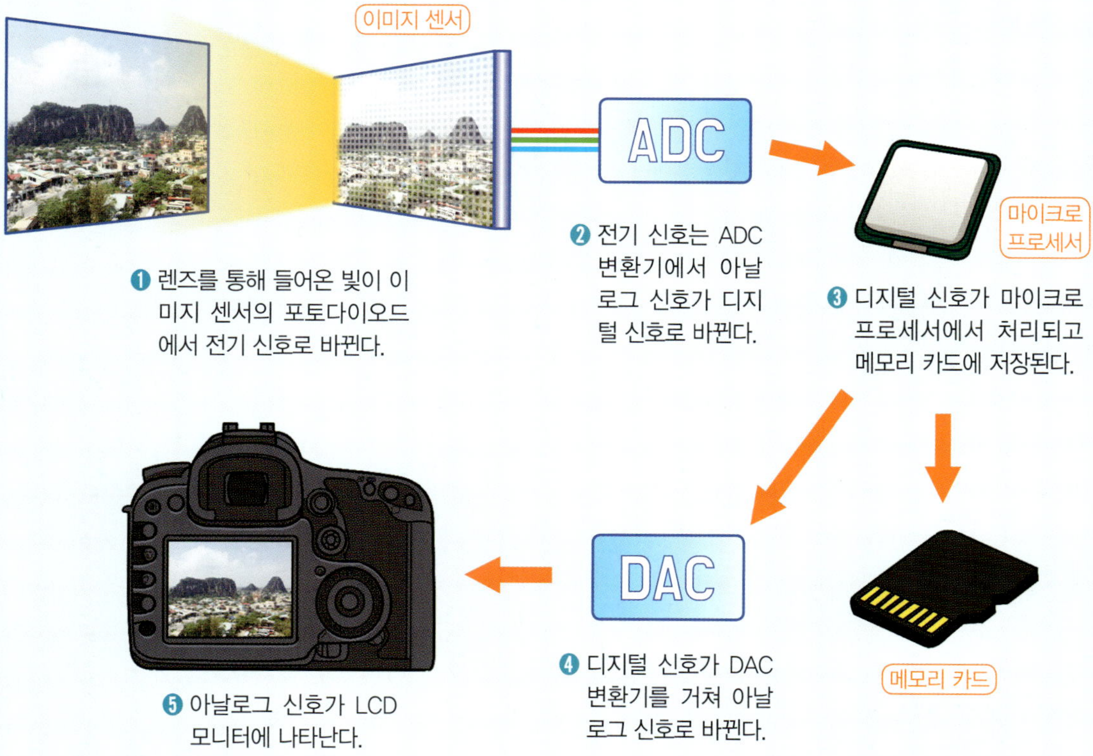

*이미지 센서는 제조 공정에 따라 CCD, CMOS 등으로 종류가 나뉜다.

사진 촬영의 노하우

자, 그럼 이제 직접 촬영해 볼까?
우아, 드디어!
폴짝
일단 각자 찍고 싶은 걸 찍어 와! 그 사진을 보며 얘기해 보자.
네!
엄지 넌 뭐 찍을 거야?
일단 돌아다니다 느낌이 팍 오는 걸로 찍어야지.
타박
타박
만세는 벌써 찍기 시작했네?
역시 행동 하나는 빠르다니까.
찰칵
우리도 질 수 없지!
불끈
그래!
….
아빠

누군데? 왜 전화 안 받아?
스팸 전화야.
스윽
그럼 난 이쪽으로 가 볼게.
살랑
그래, 이따 봐.
잠시 뒤
시끌시끌
무슨 일이지?
뭐 그런 걸 가지고 치사하게 그래?
그런 거라니?
옥신
각신
얘들아, 무슨 일이야?
꼼지야!
아니, 예쁜 강아지가 있길래 사진 좀 찍었거든? 그랬더니 저러잖아.
왜 우리 구슬이 사진을 함부로 찍냐고!
으르렁

사람도 아닌데 웬 초상권? 그냥 예뻐서 찍은 것뿐이라고.
넌 초상권도 몰라?
네가 신경 쓸 일 아니야!
그러고 보니 공모전 때문에 사진 찍나 봐? 괜한 고생하는 거 아닌지 모르겠다.
씩씩
저기 얘들아…, 사람들이 쳐다봐.
네가 난리만 안 쳤어도 이런 일 없었거든?
강아지 산책시키다 괜히! 이게 다 너 때문이야!
으르렁
웅성
웅성
흥! 보자고 하면 무서워할 줄 알아?
너 내일 학교에서 봐. 구슬아, 가자!
두고 봐. 공모전에서 꼭 우승하고 만다!
그래, 알았으니까 얼른 가자.
부르르

포토 프린터는 고품질의 사진을 출력할 수 있는 사진 전용 프린터이다. 휴대 전화와 무선으로 연결해 찍은 사진을 곧바로 인쇄할 수 있는 것도 있다.

전 요즘 대세,
음식 먹는
사진요!

전 가족들의 모습을
찍어 봤어요.

전 사람이 동물과
교감하는 사진을
찍었어요!

흔들리지 않게 사진 찍는 법

그리고 만세는 거의 줌으로 당겨 찍었지?
어떻게 아셨어요?
깜짝
그러면 아무래도 많이 흔들리거든.
그게, 사람들이 사진 찍히는 걸 싫어하더라고요.
가까이에서 찍다가 혼이 나서, 멀리서 숨어서 찍었어요.
남의 사진을 막 찍으면 어떡해!
죄송해요.
인물 사진은 함부로 찍으면 안 돼. 초상권이 있거든.
허락 없이 사진이 찍히거나 인터넷, 책, 잡지 등에 실리지 않을 권리지.
그렇구나.
특히 요즘은 SNS로 사진을 공유하는 경우가 많은데, 허락을 안 받고 사진을 올리면 큰일 나. 법적으로 큰 문제가 될 수도 있어.
아까 진주 만났는데, 자기 강아지 찍었다고 초상권 어쩌고 뭐라 하더라고요.
초상권은 사람에게 해당하는 권리지만, 다른 사람의 반려동물을 찍을 때도 먼저 허락을 받아야 해.
흥

나라도 누가 우리 강아지 사진 막 찍으면 싫을 것 같아.
뭐, 그렇긴 하지….
흠
그리고 보자….
슥
슥
꼼지 사진은 사람들이 전부 가운데 있네?
그러면 안 돼요?
안 되는 건 아닌데, 사진을 좀 비교해서 보여 줄게.
삑
삑
어때? 인물이 가운데 있으면 안정감이 들지만, 한쪽에 치우쳐 있으면 또 다른 생동감이 들지?
인물을 가운데 놓고 찍은 사진
인물을 한쪽에 놓고 찍은 사진

사진 잘 찍는 방법

인물 사진

사람의 얼굴을 클로즈업해서 찍을 때는 두 눈에 초점을 맞춘다.

배경과 인물을 함께 찍을 때는 상반신 위주로 찍는 게 좋다. 배경과 인물을 모두 살리면 애매해질 수 있다.

인물을 아래에서 위로 올려다보는 로우 앵글로 촬영하면 다리가 길어 보인다.

인물을 위에서 아래로 내려다보는 하이 앵글로 촬영하면 실제 키보다 작아 보인다.

구도에 따라

수평과 수직 구도로 촬영하면 안정감이 든다.

황금 분할 구도를 이용하면 아름다운 사진을 찍을 수 있다.

빛의 방향에 따라

피사체가 빛을 정면으로 받는 순광으로 촬영하면 사진이 밝고 안정적이다.

피사체의 뒤에서 빛이 비치는 역광으로 찍으면 어둡게 나오지만, 잘 활용하면 분위기 있는 실루엣 사진이 된다.

주제에 따라

주제와 배경이 섞이면 애매한 사진이 된다.

주제와 배경을 구분하면 사진이 명확해진다.

그러고 보니, 엄지 사진은 구도가 다양하다.
응, 피사체 크기도 다 다르고.
너, 솔직히 말해! 아저씨한테 먼저 배웠지?
찌릿
흣
절대 아니거든?
그저 어깨너머로 배웠달까, 타고난 감이랄까….
씨익
꼼지야, 쟤 좀 말려 줄래?
그건 너무 어려운 일 같은데?
큭큭
하하하!
아무래도 사진은 많이 보고, 많이 찍어 봐야 실력이 늘어.
네, 연습 많이 해야겠어요!
두고 봐, 엄지. 곧 네 실력을 뛰어넘을 테니까!
후후후, 덤벼 보시지!

내 맘대로 수동 조작

카메라에서 가장 중요한 건 노출이야.
노출이요?
움찔
카메라 렌즈를 통해 들어오는 빛의 양 말이야.
헤헤!
어이구, 무슨 생각하는 거야!
빛의 양을 잘 조절해야 좋은 사진을 찍을 수 있어.
그래서 사진을 빛의 예술이라고 하는구나!
요즘 카메라엔 자동 모드가 있어서 알아서 노출을 잡아 주지만, 사실 진짜 재미는 수동 촬영이지!
카메라 설정 값을 직접 바꿔서 찍는 거 말이죠?
그래, 노출에 영향을 주는 셔터 속도와 조리개 값, 감도를 조정해 보면 촬영이 훨씬 재미있어질 거야.
그럼 어서 해 봐요!
디지털카메라의 뒤쪽 LCD 모니터에서 주요 수동 기능을 조정할 수 있다.
❶ 셔터 속도
❷ 조리개 값
❸ ISO(감도)
M 1/160 F2.0 200
ONE SHOT
Landscape
Canon

셔터의 종류

셔터는 크게 포컬플레인 셔터와 렌즈 셔터로 구분할 수 있다. 사람의 눈꺼풀과 비슷한 역할을 하는 장치로, 렌즈를 통해 들어오는 빛의 시간적인 양을 조절한다.

포컬플레인 셔터

카메라 몸체에 설치되는 셔터로, 선막이 내려오면 약간의 틈을 두고 후막이 따라 내려오는데, 이 폭을 조절해 노출 시간을 결정한다. DSLR 카메라에 주로 쓴다.

렌즈 셔터

렌즈 안에 위치한 셔터로, 나뭇잎이 포개진 구조로 열렸다가 닫혀 리프 셔터라고도 한다. 셔터가 오래 열려 있을수록 빛이 많이 들어온다. 대부분의 콤팩트 카메라와 자동 카메라에 쓴다.

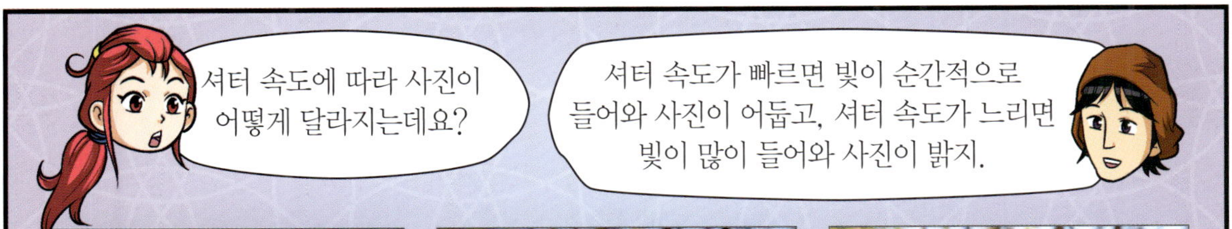

셔터 속도 400분의 1초 (조리개 값 F8)

셔터 속도 250분의 1초 (조리개 값 F8)

셔터 속도 80분의 1초 (조리개 값 F8)

셔터 속도

셔터 속도가 빠르면 빛이 들어오는 시간이 짧아서 큰 움직임도 흔들리지 않고 선명하게 찍을 수 있다. 반면 셔터 속도가 느려 빛이 들어오는 시간이 길면 부드럽고 연속적인 흐름을 표현할 수 있다.

셔터 속도 160분의 1초로 찍은 사진

폭포에서 물이 떨어지는 찰나가 담겨 있다.

셔터 속도 5초로 찍은 사진

폭포에서 떨어지는 물의 부드러운 움직임이 느껴진다.

셔터 속도와 선명도

셔터 속도가 빠를수록 사진이 선명하고 느릴수록 흔들려 보인다.

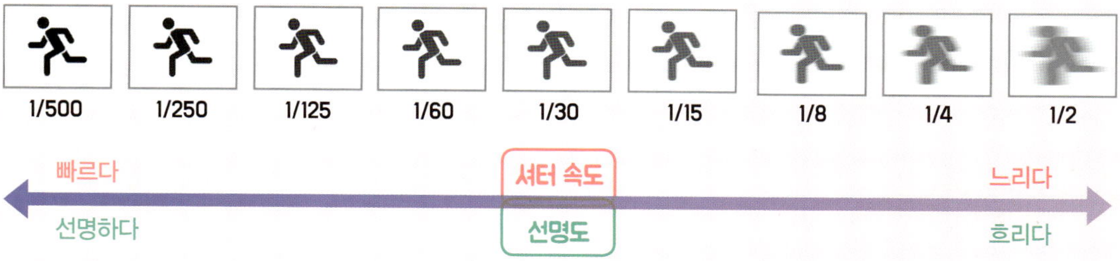

* 디지털카메라는 일반적으로 전자식 셔터를 사용하기 때문에, 실제로 셔터를 열고 닫는 게 아니라 이미지 센서에 공급되는 전원을 셔터 속도에 따라 차단해 빛의 양을 조절한다.

조리개 값은 F2, F4, F8 등으로 표시한다. F 뒤의 숫자가 클수록 조리개가 좁아져 빛이 적게 들어와 사진이 어둡다.

F4 (셔터 속도 250분의 1초)

F11 (셔터 속도 250분의 1초)

조리개

조리개는 밝기를 조절하는 것 외에 심도를 깊게 하거나 낮게 할 수 있다. 초점이 맞는 부분이 넓을수록 심도가 깊다고 하고, 초점이 맞는 부분이 좁아 흐릿한 부분이 많을수록 심도가 얕다고 한다.

조리개 값 F16으로 찍은 사진

심도가 깊다. 전체적으로 초점이 선명하다.

조리개 값 F1.4로 찍은 사진

심도가 얕다. 배경은 초점이 안 맞아 흐릿하다.

조리개 값과 심도

조리개 값이 클수록 심도가 깊고, 조리개 값이 작을수록 심도가 얕다.

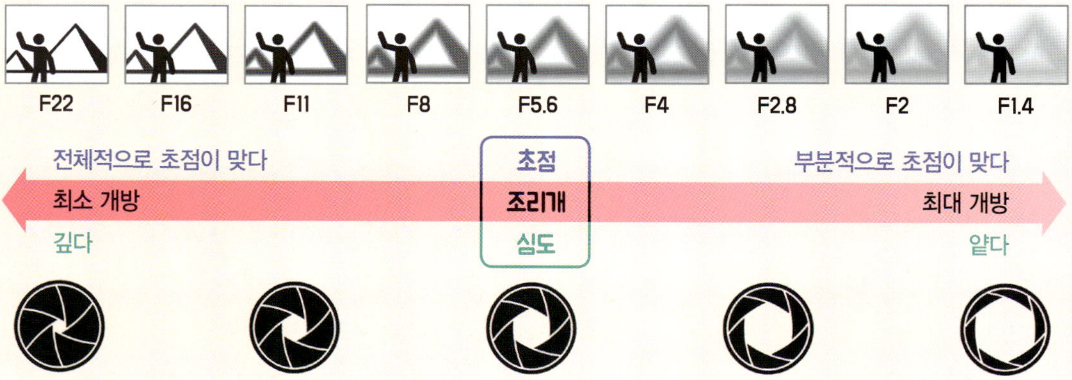

팬 포커스
심도가 깊어 앞부분에서 뒷부분까지 모두 초점이 맞은 상태로, 전체가 선명하게 나온다. 주로 풍경 사진에 활용한다.

아웃 포커스
심도가 얕아 앞부분의 대상에만 초점이 맞고 뒤쪽 배경이 흐려 보이는 상태로, 주요 피사체가 강조된다.

인 포커스
뒷부분에 초점을 맞추어 앞부분이 흐려 보이는 상태로, 조리개 값은 아웃 포커스와 마찬가지로 낮추어야 한다.

ISO 감도

ISO 감도의 값이 높을수록 센서의 빛 입자에 대한 반응도가 민감해진다. 빛에 대한 감도를 두 배 높이면, 기존 빛의 반만 있어도 똑같은 밝기의 사진을 얻을 수 있다.

ISO 100으로 찍은 사진
어둡지만 깨끗하다.

ISO 640으로 찍은 사진
밝기가 적당하다.

ISO 1600으로 찍은 사진
밝지만 거칠다.

ISO 감도와 선명도

ISO 감도가 높을수록 사진이 밝아지고 선명도는 거칠어진다.

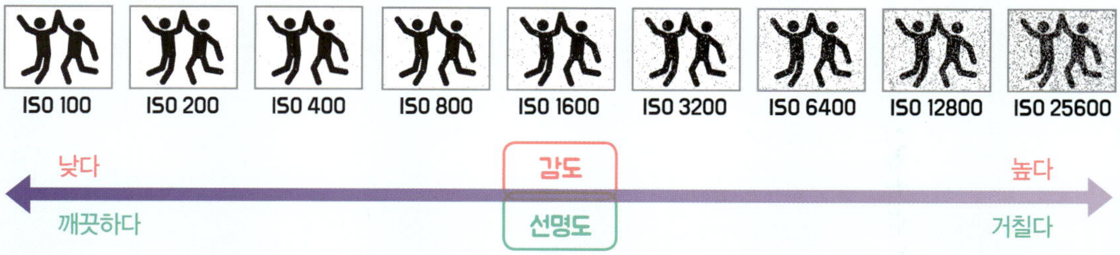

렌즈와 초점 거리

초점 거리는 렌즈에서 이미지 센서(필름)까지의 거리를 말한다. 초점 거리에 따라 센서에 맺히는 상의 크기가 달라지는데, 초점 거리가 100밀리미터인 렌즈는 50밀리미터인 렌즈보다 두 배 큰 상을 담는다.

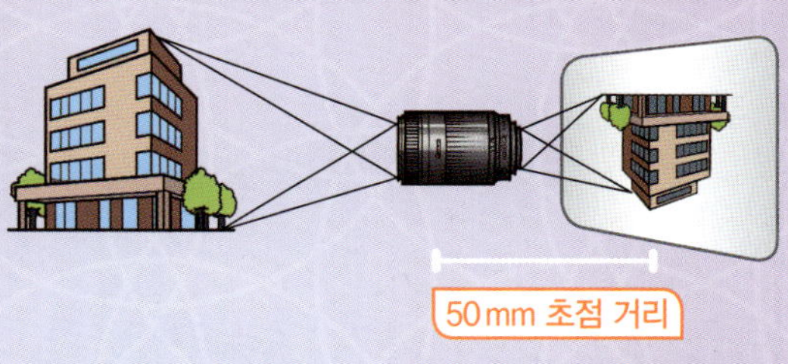

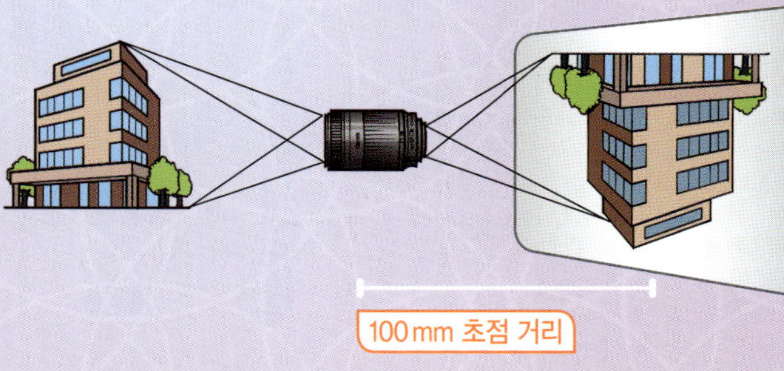

35 mm 필름 카메라와 같은 크기(36×24 mm)의 이미지 센서를 가진 것을 풀프레임 카메라, 이보다 센서가 작은 것을 크롭바디 카메라로 구분한다. 풀프레임 카메라의 경우 50 mm 렌즈가 표준 렌즈가 된다.

같은 지점에서 촬영 시 다른 크기의 화면을 얻는다.

렌즈의 초점 거리와 화각 (풀프레임 카메라 기준)

표준 렌즈보다 초점 거리가 짧으면 광각 렌즈, 초점 거리가 길면 망원 렌즈라고 한다. 렌즈의 초점 거리가 짧을수록 화각이 커지고, 렌즈의 초점 거리가 길수록 화각은 작아진다. 화각은 렌즈로 촬영할 수 있는 시야를 말한다.

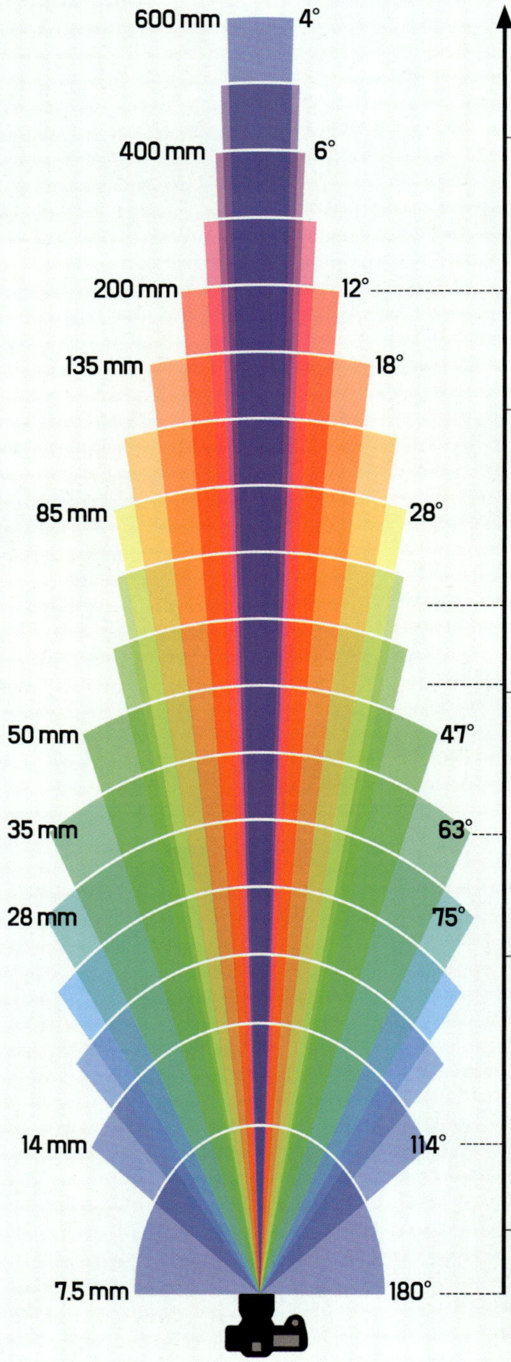

초망원 렌즈
(200 mm 이상)
초점 거리가 매우 긴 렌즈. 멀리 있는 야생 동물이나 스포츠 사진을 찍기 좋다.

망원 렌즈
(70~200 mm)
초점 거리가 긴 렌즈. 멀리 있는 피사체도 크게 볼 수 있지만 화각은 좁아진다.

표준 렌즈
(38~58 mm)
사람의 시야와 비슷한 화각을 가진 렌즈. 일상생활이나 인물 사진을 찍기 좋다.

광각 렌즈
(15~35 mm)
초점 거리가 짧은 렌즈로 시야가 넓고 원근감을 강조한다. 풍경 사진을 찍기에 적당하다.

어안 렌즈
(7~15 mm)
초점 거리가 매우 짧은 렌즈. 화각이 180도로 넓다. 화면을 과장해서 이미지가 휘어 보인다.

줌 렌즈

한 렌즈에서 여러 초점 거리를 선택할 수 있다. 줌 렌즈도 초점 거리에 따라 여러 가지로 나뉜다. 50~135 mm 줌 렌즈를 사용하면 50 mm, 85 mm, 105 mm, 135 mm 단렌즈를 사용하는 것과 마찬가지이고, 그 사이의 어떠한 초점 거리도 선택할 수 있다. 다만 단렌즈보다 다소 크고 무거우며 비싸다.

필터

필터는 렌즈로 들어오는 빛을 조절해서 원하는 효과를 낼 수 있도록 도와준다. 강한 자외선으로 인한 흐림 현상을 예방하는 UV 필터, 너무 강한 빛을 줄여 주는 ND 필터, 불빛을 여러 갈래로 나타내어 환상적인 분위기를 연출하는 크로스 필터 등이 있다.

특히 편광 필터는 유리나 물, 금속 표면에 생기는 빛의 반사를 없애 주고, 대기 중의 수증기나 먼지 때문에 빛이 흩어져 풍경이 흐릿하게 보이는 것을 또렷하게 잡아 준다.

창에 빛이 반사되어 산만한 사진

편광 필터를 사용해 반사를 없앤 사진

어? 얘들아, 잠깐만.
띠리리링
일단 사진을 많이 찍자.
응, 그래야 건질 사진도 많겠지.
좋아!
그래 그래
무슨 전화예요?
아는 선배가 돌아오는 금요일에 뮤직비디오 촬영을 하는데, 촬영 현장 사진을 좀 찍어 달라네. 홍보 자료로 쓴다고.
누구 뮤직 비디오인데요?
세라걸스라는데?
저희도 갈래요!
흐잉

세라걸스라면, 아이돌계의 여신! 꼭 만나고 싶습니다!
아저씨, 저도요. 실제로 보고 싶어요!
제가 정말정말 좋아하는 걸그룹이라고요!
촬영장에 너희를 데려가도 될지….
얌전히 있을게요~!
반짝
아휴, 참….
아빠아~
알았어~
꼬옥
아빠 최고! 고마워요!
하하
폴짝
엄지는 아빠랑 사이가 정말 좋구나.
꼼지야, 믿겨? 우리가 세라걸스를 보게 되다니!
응… 그러게!
척

어떤 사진을 찍을까

다음 날
와글 와글
시끌시끌
공모전 마감까지 열흘 남았어. 이제 주제 정해야 해.
불끈
난 그때 공원에서 찍은 사진 중에 엄마랑 아이 사진, 따뜻하고 좋던데.
꼼지가 찍은 사진 말이야?
응. 그래서 말인데 가족 이야기 어때? 아기가 커서 엄마 아빠가 되고 할머니 할아버지가 되는….
말이 돼? 그러려면 수십 년이 걸리잖아.
왜, 꼭 같은 사람일 필요는 없잖아!
그러네. 아기를 안고 있는 엄마, 할아버지가 된 아빠를 업고 있는 아들. 인물은 달라도 느낌은 살겠다!

오~ 만세! 아이디어 좋은데?
으쓱
후, 아이디어 하면 또 나 아니겠어?
꼼지 네 생각은 어때?
벌컥
머엉
홱
전화도 안 받고 어디 갔다 이제 온 거야?
아빠가 무슨 상관이에요!
푹
뭐? 아빠한테 그게 무슨 말이야?
제가 궁금하긴 해요? 아빠는 회사 일만 중요하잖아요!
바락
아니야! 아빠한테는 우리 가족이 제일 중요해.
그럼, 왜 자꾸 엄마한테 안 가요?
그건….

그것 봐요!
아빠는
거짓말만 해!
꼼지야!
쾅
아빠는
거짓말쟁이야.
흐윽
꼼지야!
어?
턱
만세가 아기에서 어른이
될 때까지 자식과 부모의
모습을 사진으로 엮으면
어떻겠냐는데?
난 찬성!
사람들한테
감동을 줄 수
있을 것 같아.
좋았어! 그럼, 우리의
주제는 '부모와 자식'이다!
좋아!
뭐가
좋은데?
또각
또각
재는 또 무슨
시비를 걸려고
오는 거야?

어제 보니까, 공원에 너희 아빠도 같이 계시더라?
그런데?
사진 공모전에 나가는데 사진작가 아빠의 도움을 받는 건 비겁하지 않아?
그런 거 아니거든?
파지직
아빠한테는 기초만 배우는 거야. 사진은 순전히 우리가 찍는 거라고!
그 말을 어떻게 믿어?
파르르
네가 믿든 안 믿든 우린 결백해!
흥! 조심해, 내가 지켜볼 거니까!
획
으! 진주 재는 정말 내 스타일 아냐!
아마 너도 진주 스타일 아닐걸?
피식
뭐라고?
콱
우리 이따 3시에 놀이터에서 만나는 거지?
으응.

잠시 뒤
자, 다들 준비됐지?
응!
그럼, 출동이다!
LC 슈퍼
찰칵
30%
20%
삑

휴~ 사진 찍는 것보다 찍어도 되는지 허락 맡는 게 더 힘들어.
그래도 몰래 찍을 순 없잖아.
꼼지락
꼼지락
근데, 뭘 그렇게 봐?
드디어 찾았거든!
뭘?
꿈에 그리던 내 이상형!
샤샤
아까 전화번호 물어볼걸…. 내 인생 최대의 실수야!
흐윽
아, 힘들어. 이제 그만 집에 가자!
벌떡
만세 너도 꿈 깨!
그런데 앞으로 이렇게 더 사진을 찍어야 하는 거지?
생각보다 시간이 많이 걸리네.
최대한 열심히 찍고, 토요일에 우리 집에 모여서 사진 고르자.
알았어.
이렇게 된 이상, 꼭 우승하자!

내가 전화한 거 알 텐데, 엄마는 왜 전화를 안 하지? 내가 다시 해 볼까?
엄마다!
벌떡
엄마, 저예요!
꼼지야, 어제 바로 전화 못해서 미안해.
아니에요! 괜찮아요!
우리 아들 목소리가 씩씩하니 듣기 좋네! 잘 지내는 거지?
그럼요! 지금 친구들이랑 사진 공모전도 준비 중이에요!
정말? 멋지다! 이번 주에 병원 오면 자세히 얘기해 줘.
이번 주요?
아직 아빠한테 얘기 못 들었구나?
기다리고 있을게. 아, 간호사 선생님 오셔서 끊어야겠다. 꼼지야, 사랑해!
저도 사랑해요, 엄마!

어? 아빠
왔나?
철컥
아빠….
어,
꼼지야.
이번 주말에…
엄마한테 가요?
응. 엄마랑
통화했구나?
이번에는
진짜 가는
거예요?
그래. 이번엔
정말 갈 거야.
약속했어요!
꼭이에요!
그래,
약속!
방
방
알았어요!
아빠, 안녕히
주무세요!
잘 자라,
아들.
휙
이번에는
괜찮겠지…?
탁

움직이는 영상의 탄생

며칠 뒤
나, 내일 엄마 보러 가기로 했어.
잘됐다! 너 한동안 엄마 못 봤잖아.
내일 같이 사진 고르기로 했는데, 먼저 가야 할지도 몰라. 미안해.
미안하긴, 엄마 보는 게 먼저지!
그나저나 아빠는 왜 안 오시지? 빨리 먹고 촬영장 가고 싶은데.
두리번
세라걸스 볼 생각하니까 너무 설레!
만세 어쩌냐, 세라걸스 엄청 보고 싶어 했는데.
풉
마라톤 있으면 얘길하지, 왜 몰래 와서는….
엄마, 제발요! 세라걸스 봐야 한단 말이에요!
해마다 가족이 참여하는 행사인데, 빠지면 안 되지!

가면서 엄청 혼났을 거야.
그러게.
얘들아, 좀 늦었지?
허겁
지겁
아빠, 한참 기다렸어요. 배고프다고요!
잠시 뒤
주문했으니까 금방 나올 거야.
툭
어? 진동 벨에 영상이 나오네.
아빠, 이런 영상은 어떻게 찍어요? 사진이랑은 또 다르죠?
사진이랑 영상은 별반 다르지 않아.
왜요? 사진은 안 움직이고, 영상은 움직이는데요?
영상은 정지된 이미지 여러 장을 빠르게 연결해서 보여 주는 거거든.
자, 잘 봐.
스윽

잔상 효과

방금 눈으로 본 이미지는 눈앞에서 이미지가 사라진 뒤에도 잠깐 동안 망막에 남아 있는데, 이를 잔상이라고 한다. 잔상이 사라지기 전에 다른 이미지를 보면 방금 전에 본 이미지와 겹쳐 보이게 된다. 이러한 잔상 효과를 이용한 대표적인 예가 영화나 애니메이션이다. 1초에 여러 장의 정지된 화면을 연속으로 보여 줘 마치 움직이는 것처럼 보이게 만든 것이다.

잔상 실험

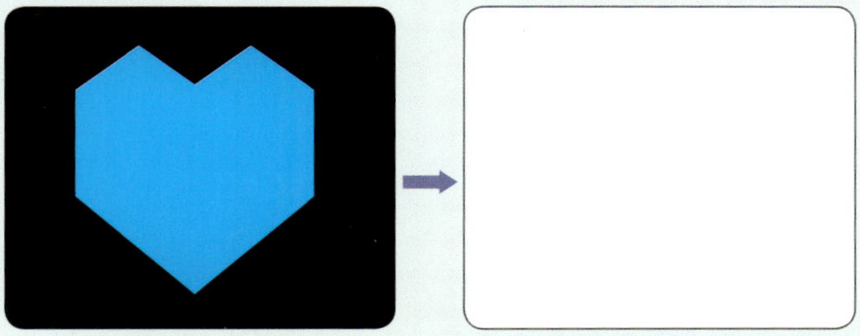

왼쪽 그림을 10초 정도 보고 나서 오른쪽 흰 상자를 보면 왼쪽 그림의 잔상이 남는다. 자극을 받은 빛과 반대색인 빨간색 하트가 보인다.

움직임을 표현하기 위한 도구

소마트로프 이후 페나키스티스코프, 조이트로프, 프락시노스코프 등 움직이는 영상을 구현하기 위한 도구들이 계속해서 발명되었다.

페나키스티스코프

1832년 조셉 플라토가 개발했다. 회전 원판 가운데 작은 구멍을 뚫고 뒷면에 연속된 그림을 그린 도구이다. 거울 앞에서 빙그르르 돌리면, 구멍을 통해 거울에 비친 그림이 움직이는 것처럼 보인다.

조이트로프

1834년 윌리엄 조지 호너가 만든 것으로, 원통 안쪽에 연속된 그림을 그리고 기다란 구멍을 낸 형태이다. 원통을 돌리면 구멍 사이로 보이는 그림이 움직이는 것처럼 보인다.

프락시노스코프

1876년 에밀 레노가 만들었다. 안쪽에 거울을 붙인 원기둥을 세우고 거울이 비치는 쪽에 연속된 그림을 그려 넣고 돌리면, 거울에 반사된 그림이 움직이는 것처럼 보인다.

주프락시스코프

1879년, 머이브리지는 사진을 연속해서 보여 주는 주프락시스코프를 발명했다. 둥근 유리판 가장자리에 연속 촬영한 사진을 붙인 다음, 영사 장치에 꽂고 손잡이를 돌리면 렌즈를 통해 움직이는 영상을 볼 수 있었다. 주프락시스코프는 사진을 연결시켜 영상을 만들어 낸 최초의 장치라 할 수 있다.

*영사 : 필름 따위에 있는 상을 영사막에 비춰 나타나게 하는 것

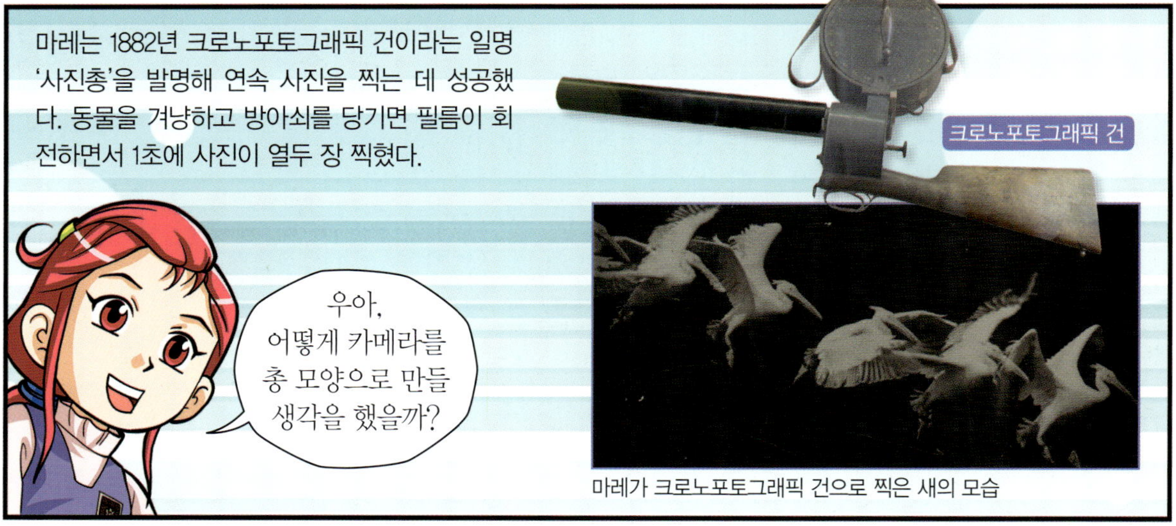

크로노포토그래픽 건

마레가 크로노포토그래픽 건으로 찍은 새의 모습

*생리학자 : 생물의 기능과 활동의 원리를 연구하는 사람

어? 우리 거다!
드르륵
음~ 맛있는 냄새!
잘 먹겠습니다!
탁
아, 퀴즈 하나 낼까? 1884년에 이스트먼이 뭘 발명했다고 했지?
이거 되게 맛있겠지?
으, 응!
롤필름을 발명했다고 했잖아.
지금 막 얘기하려고 했는데!
방금 생각났는데, 아깝다.
이 롤필름은 영화가 탄생하는 데 중요한 밑거름이 되었어.
롤필름이 어떻게요?

키네토스코프

1889년 토머스 에디슨은 윌리엄 딕슨과 함께 키네토스코프라는 장치를 선보였다. 이스트먼이 발명한 롤필름을 사용한 장치로, 위쪽에서 확대경을 통해 안을 들여다보게 되어 있었다. 필름이 카메라 렌즈 앞으로 지나가도록 만들었는데, 롤필름이 자동으로 회전하면 그 아래에 있는 전구의 빛이 필름을 비추어서 영상이 보이는 원리였다. 오늘날의 영사기와 거의 흡사했다.

키네토스코프를 들여다보는 모습

키네토스코프 내부 구조

 * 영사기 : 필름에 촬영된 상을 확대해 비추는 장치

시네마토그래프

1895년, 뤼미에르 형제는 시네마토그래프를 발명했다. 영상을 촬영하는 카메라인 동시에, 촬영한 영상을 대형 화면에 비춰 여럿이 함께 볼 수 있게 상영하는 영사기이기도 하다. 초당 16장의 속도로 영상을 비춘다. 에디슨의 키네토스코프보다 작고 가벼운 데다 전기가 없어도 수동으로 작동시킬 수 있어 야외 촬영도 손쉽게 할 수 있었다.

시네마토그래프 작동 모습

세계 최초의 영화 촬영

1895년 3월 19일, 뤼미에르 형제는 공장 문이 열리고 사람들이 나서는 모습을 시네마토그래프로 약 50초 동안 촬영했다. 세계 최초로 영화가 촬영된 순간이었다.

〈공장을 나서는 노동자들〉의 한 장면

세계 최초의 영화 상영

1895년 12월 28일, 뤼미에르 형제는 파리에서 최초로 관객에게 돈을 받고 영상을 틀어 주었다. 기차가 도착하는 짧은 영상이었지만, 사람들을 놀라게 할 정도로 문화적 충격이 컸다.

〈기차의 도착〉의 한 장면

영상 촬영용 필름 카메라

필름에 피사체를 연속적으로 기록하는 카메라이다. 작동 원리는 일반 사진 카메라와 같은데, 셔터 한 번에 사진 1장이 찍히는 게 아니라, 1초에 24장의 사진이 찍히도록 설계되어 있다. 정지된 이미지를 현실과 같은 속도로 재생하면 잔상 효과를 통해 움직임을 느끼게 되는 것이다. 필름은 재현력이 우수하지만, 영상을 촬영하는 데 많은 양의 필름이 필요하기 때문에 비용이 많이 드는 단점이 있다.

신기한 비디오카메라

선배, 제 딸 엄지랑 엄지 친구 꼼지예요.
안녕하세요.
반갑다, 얘들아.
여기 오고 싶어서 아빠 엄청 졸랐다며?
세라걸스 진짜 좋아하거든요!
배 배
근데, 아직 세라걸스 안 왔어요?
샤샥
준비하고 있다니까 조금만 기다려.

캠코더는 영상과 소리를 녹화하고 재생하는 기능을 가진 제품이다. 원래 1983년 일본의 소니 사가 최초로 개발한 휴대용 비디오카메라 상품의 이름이었으나, 점차 개인용 비디오카메라를 이르는 대명사가 되었다.

영상 촬영용 비디오카메라

비디오카메라는 렌즈를 통해 들어온 빛을 촬상 장치를 통해 전기 신호로 만들어 영상을 기록한다. 피사체에 반사된 빛은 렌즈에 모여서 상을 맺고 선택된 색 필터를 통과한다. 피사체를 RGB(빨강, 초록, 파랑) 삼원색으로 나누어 전기 신호로 만들고 영상으로 변환하는 것이다.

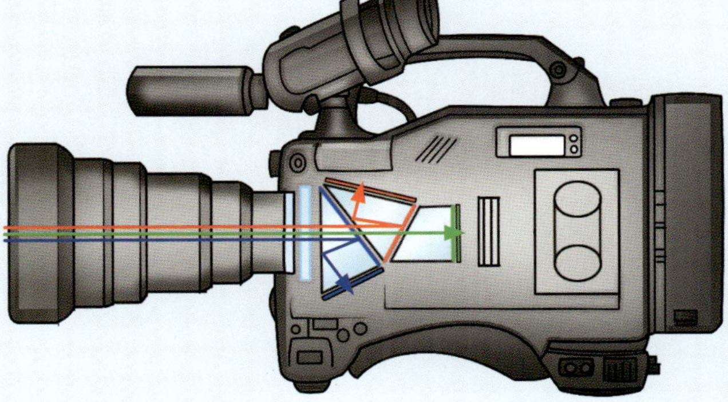

＊촬상 장치 : 컬러 카메라에서 빛을 전기로 전환시키는 장치

비디오카메라의 활용

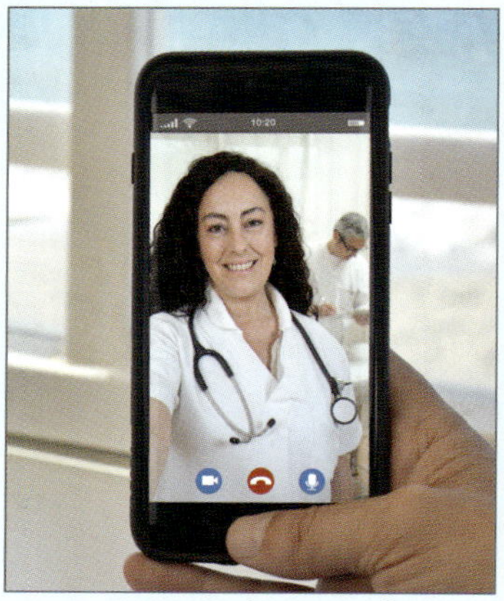

통신 기기의 카메라를 통해 상대방을 보며 영상 통화를 할 수 있다.

방수 카메라와 특수 렌즈로 물속에서 수중 촬영이 가능하다.

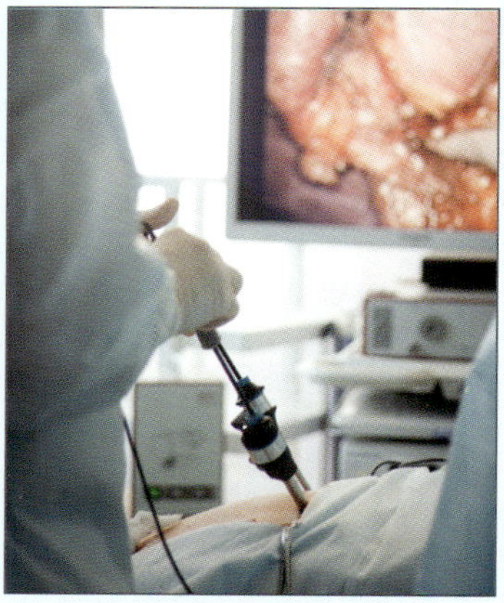

내시경 카메라로 몸속의 상태를 살펴볼 수 있다.

액션캠은 신체나 장비에 부착해서 촬영해 역동적인 영상을 담는다.

열화상 카메라는 열을 추적, 탐지해 화면에 색으로 보여 준다.

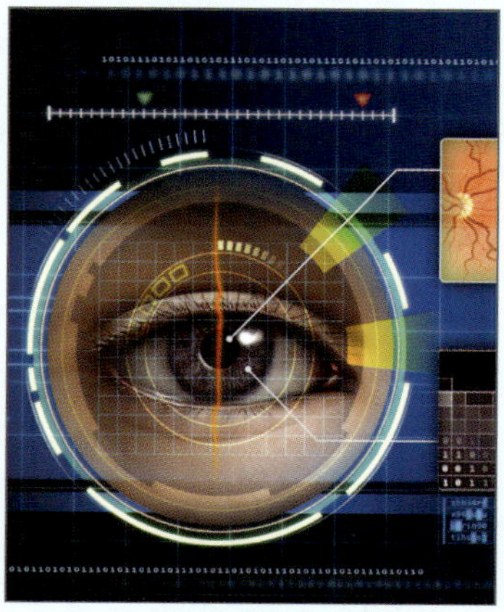

홍채 인식 전용 카메라로 적외선을 통해 신원을 파악할 수 있다.

 * 적외선 : 햇빛을 프리즘에 분산시켰을 때 빨간빛보다 더 바깥쪽에 있는 우리 눈에는 보이지 않는 전자기파

요즘은 입체 영상도 많잖아요. 그건 어떻게 찍어요?
입체 영상을 찍는 카메라가 따로 있어요?
평면적인 화면을 입체적으로 보이게 만든 영상을 3D 입체 영상이라고 한다. 여기에 움직이는 의자나 냄새, 바람, 물 등의 특수 효과를 더해 더욱 실감나게 만든 것이 4D 입체 영상이다.
사람의 두 눈은 6.5센티미터 정도 떨어져 있기 때문에 같은 물체를 봐도 왼쪽 눈과 오른쪽 눈에 보이는 모습이 조금 다르다. 이것을 양안 시차라고 한다.
왼쪽 눈
오른쪽 눈
양쪽 눈에서 보는 각기 다른 모습은 뇌에서 하나로 합쳐지면서 거리감과 입체감이 느껴지는데, 입체 영상은 이런 양안 시차 원리를 이용해서 만들어.
하나의 피사체를 두 개의 렌즈로 찍은 다음, 각각의 눈이 서로 다른 영상을 보게 하는 것이 핵심이지.
토끼가 튀어나와 있네!
렌즈1
렌즈2
렌즈1로 찍은 영상
렌즈2로 찍은 영상
3D 영상 촬영용 카메라

초고속 카메라와 슬로 모션

1초에 수만 장 이상의 이미지를 초고속으로 촬영해 재생하면 움직임이 실제보다 느리게 보인다. 인간의 눈으로 볼 수 없는 찰나의 순간을 보여 준다.

카메라와 증강 현실

카메라를 이용해 증강 현실(AR)을 체험할 수 있다. 증강 현실은 실제 공간에서 포켓몬을 잡는 게임처럼 현실 세계에 가상의 요소를 더한 것이다.

360도 카메라와 가상 현실

최대 360도의 풍경을 한 장의 파노라마 사진으로 찍을 수 있다. 360도 카메라로 촬영한 영상을 관련 장비를 쓰고 보면 가상 현실(VR)을 경험할 수 있다. 가상 현실은 인물과 배경 등 모든 요소가 가상인 세계이다.

인공 지능과 카메라

인공 지능(AI)은 컴퓨터가 인간의 지능적인 사고와 행동을 모방할 수 있도록 하는 프로그램이다. 인공 지능에게 카메라는 사람의 눈 역할을 하는 중요한 센서로, 외부 정보를 파악해서 여기에 대응할 수 있게 한다.

아마존 사가 개발한 인공 지능 카메라 '딥렌즈'는 컴퓨터가 사람처럼 생각하고 배울 수 있는 딥러닝 기능이 내장된 무선 카메라이다. 촬영과 동시에 문자, 이미지, 물체를 스스로 인식하고 분석할 수 있다.

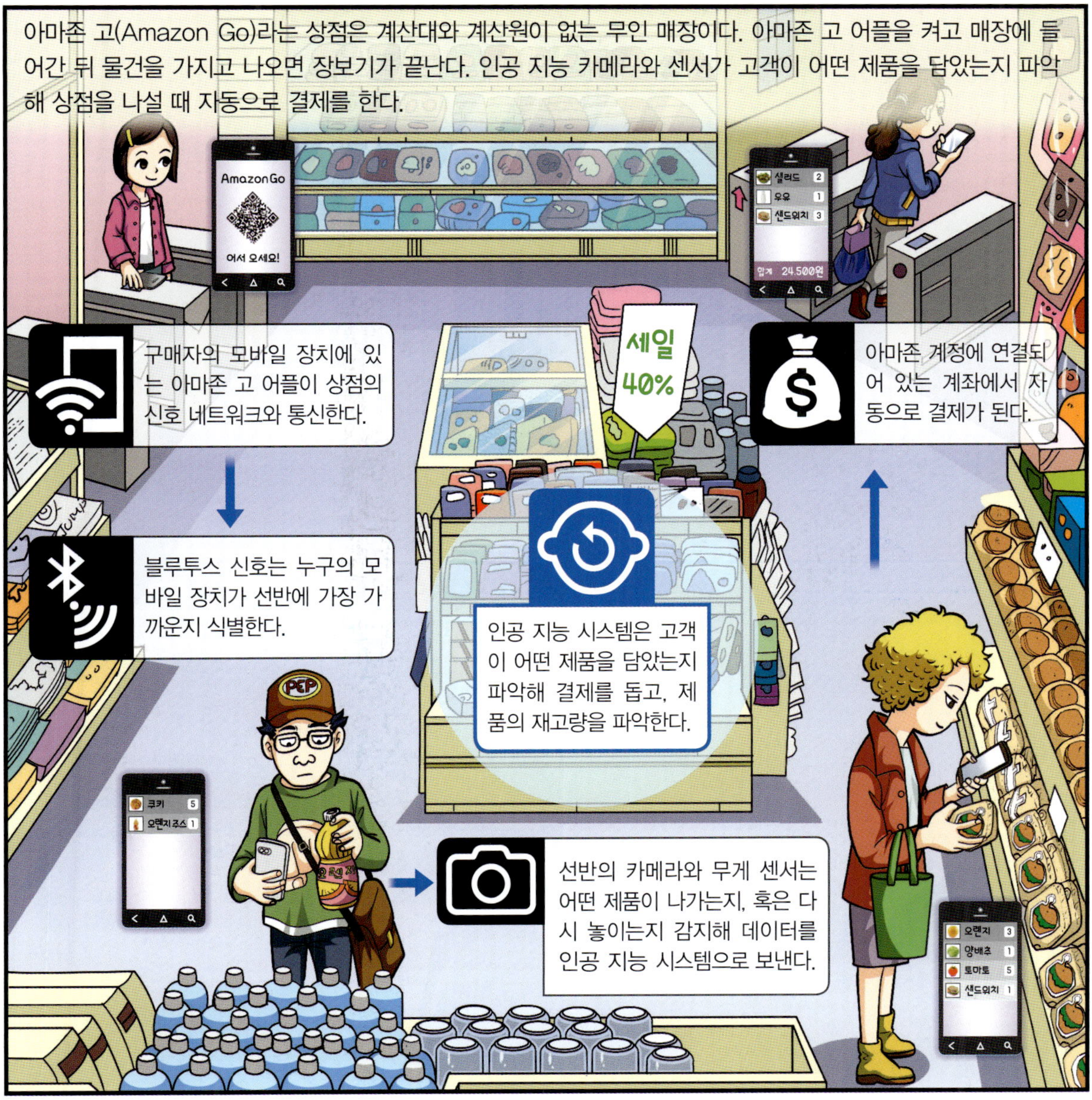

*블루투스 : 휴대 기기를 서로 연결해 정보를 교환하는 무선 전송 기술

사라진 목걸이와 CCTV

촬영을 잠시 미루겠습니다! 대기해 주시기 바랍니다.
뭐? 촬영이 연기된다고?
대체 무슨 일이지?
찌렁 찌렁
잠시 뒤
죄송합니다. 아이들까지 데려가게 되어서….
괜찮습니다. 따님 애교가 엄청나던데요?
하하하
하하하
아빠, 저희도 데려가요. 제발요!
어쩌죠?
우리 진짜 따라가도 괜찮을까?
얌전히 있으면 돼.
속닥
속닥
그나저나 이사벨 누나가 목에 걸고 촬영하기로 한 다이아몬드 목걸이가 사라졌다니! 어떻게 된 걸까?
글쎄….
하아

근데 엄지 너 표정이 계속 안 좋네. 왜 그래?
아니… 목걸이가 없어졌다니까… 걱정돼서 그러지.
우물
쭈물
아까 화장실 다녀와서 하려던 얘기는 뭐야?
아냐, 아무것도.
도리 도리
도난 신고 하셨지요?
경비실
네, 전화로 말씀드린 대로입니다.
경찰도 왔어!
그러네….
4시에 대기실에서 의상 확인할 때까지만 해도 목걸이가 있었는데, 5시에 대기실에 돌아왔을 때는 없었습니다.
대기실 앞쪽 모니터부터 보여 주시죠.
소곤 소곤
CCTV 엄청 많다.
범인이 누군지 금방 찾겠는데?

아, 그런데 대기실 출입문이 CCTV의 사각지대에 있어서 안 보이네요.
척
복도를 오간 사람은 알 수 있지만, 누가 문을 열고 대기실에 들어갔는지까지는 알 수가 없군요.
세라걸스 대기실
그나마 다행인 건, 이 대기실이 제일 끝이고 반대쪽에 엘리베이터가 있어서 누가 대기실로 오가는지 알 수 있다는 겁니다.
일단 그 정도라도 확인을 해야겠습니다.
네, 잠시 기다려 주시죠.
아빠, CCTV를 확인하면 범인을 찾을 수 있겠죠?
그래. CCTV에 뭔가 단서가 될 만한 게 있을 거야.
그런데 CCTV라는 게 정확히 뭐예요?

CCTV

CCTV는 폐쇄 회로 텔레비전을 말한다. 일반적인 TV는 누구나 신호를 잡아서 볼 수 있는 개방 회로 TV인 반면, CCTV는 특정한 장소를 찍은 영상이 정해진 모니터로 전송되는 폐쇄 회로 TV다.

행정안전부에서 발표한 자료에 따르면, 공공 기관에서 설치한 CCTV는 2017년 85만 대를 넘었다. 기업과 개인이 설치한 것까지 합하면 그 수는 훨씬 더 많을 것이다. 범죄 예방, 시설 안전, 화재 예방 등이 설치 목적이었다.

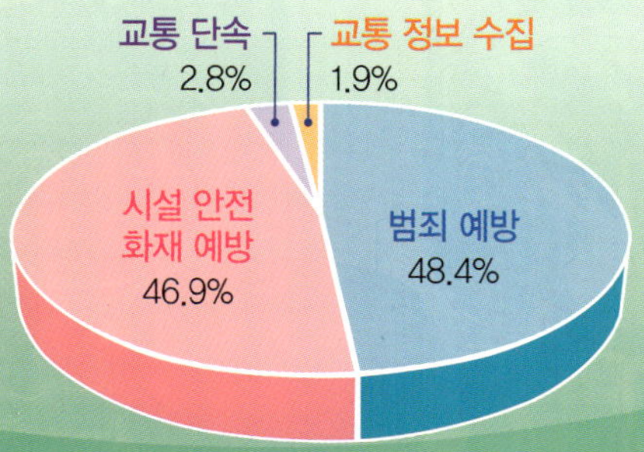

그건 아니야. 교통사고를 예방하기 위해 선생님이 CCTV 모니터를 보고 아이들을 지도하는 거지.
빨간불이에요. 차도에 있는 어린이는 인도로 올라서세요.
CCTV가 좋은 일을 하니까 많을수록 좋겠어요.
꼭 그렇지만은 않아.
왜요?
사람들의 사생활이 노출되어서 인권이 침해될 우려가 있거든.
아무리 좋은 의도라고 해도, CCTV에 찍히는 사람들은 감시받는 기분이 들 수 있겠지?
영 신경 쓰인단 말이야.
실제로 직원을 감시하려고 CCTV를 설치한 사장도 있었어. 불법인데도 말야.
그런 생각을 하다니, 나쁜 사람이네요!
CCTV는 점점 늘어나고 있으니까, 관련 정보를 잘 관리하고 개인 정보를 보호하도록 노력해야 해.
그렇구나.

범인이 엄지라고?

자, 이제 같이 보시죠.
어떡하지….
의상을 확인한 뒤에 식사하러 나갈 때예요. 이때까지는 대기실에 목걸이가 있었어요.
4 : 15
이따금 복도를 지나는 사람은 있는데, 세라걸스 대기실로 오는 사람은 없습니다.
4 : 20
어? 엄지가 왜? 맞다, 아까 화장실 갔었지.
4 : 30
홱
세라걸스 대기실 쪽으로 가는데요?
성큼

아무래도 엄지가 대기실에 들어갔다 나온 것 같네요.
4 : 32
엄지야, 어떻게 된 거야?
세라걸스 대기실이라고 붙어 있길래 궁금해서 잠깐 들어가 봤어요.
대기실에 함부로 들어가면 어떡해?
죄송해요.
울먹 울먹
일단 영상을 끝까지 보시죠.
5 : 00
타앙
여기까지입니다.
이때는 이미 대기실에 목걸이가 없었다고 하셨죠?
맞습니다.

그럼, 목걸이가 없어지기 전까지 대기실에 들어갔던 사람은…
엄지밖에 없네요.
전 들어갔다가 아무도 없어서 바로 나왔어요. 진짜예요!
안절
부절
그래서 엄지 표정이 계속 안 좋았구나.
영상을 다시 한번 돌려 볼 수 있을까요?
그러죠.
저건!
다시 봐도 대기실에 들어간 사람은 엄지뿐인데….
저 진짜 아니에요. 믿어 주세요!
울먹
울먹

또 있어요!
응? 뭐가?
불쑥
세라걸스 대기실에 들어갔던 사람요, 또 있어요!
무슨 소리야? 엄지 말고는 아무도 없었어.
심드렁
4시 45분, 엘리베이터요!
엘리베이터에서 내리는 사람은 없는데….
잠깐, 엘리베이터 문에 뭔가 반사된 것 같은데….
4 : 45
아니, 저기!
누군가 대기실로 들어갔네요!
아, CCTV가 비추지 않는 반대쪽 계단으로 올라와 대기실로 들어갔나 봅니다.

어휴, 며칠 전에 엘리베이터 문을 새것으로 교체하길 정말 잘했습니다.
하마터면 크게 오해할 뻔했네요.
으아앙!
엄지야, 괜찮아?
훌쩍
CCTV에 범인이 찍혀 있어서 정말 다행이야!
괜찮아, 아빠는 엄지를 믿었어.
아빠!
와락
고맙다. 놓칠 수 있는 장면을 잡아내다니.
헤헤!
잘했어. 관찰력이 좋은데? 나중에 경찰 해도 되겠다!
고맙습니다.

블랙박스와 과속 단속 카메라

CCTV! CCTV 어딨지?
홱
홱
CCTV가 없는 곳이잖아!
하아
아휴, 수리비 엄청 나오겠다….
흐어엉
부아아앙
카메라
분위기가 너무 무거워. 분위기를 바꿀 방법이….
조용~
맞다, 블랙박스가 있잖아요! 저기 다 찍혀 있는 거 아니에요?
그렇겠다!

저번에 메모리 카드를 뺐다가, 깜박하고 다시 안 끼웠어.
아….
이크
크흑
갑자기 블랙박스가 뭔지 되게 궁금하네. 척척박사 아빠는 뭔지 잘 알죠?
부웅
너도 엄청 궁금하지?
아~ 나도 블랙박스 진짜 궁금하다! CCTV 같은 건가?
찡긋
너도 빨리 거들어~
부웅
블랙박스는 CCTV와는 좀 달라. 원래는 항공기용으로 개발된 거야.
엥? 항공기요?
그럼 비행기에 달았던 거예요?
그래, 블랙박스는 큰 충격이나 화재에도 손상되지 않고, 사고 직전의 비행 상황을 알려 주는 장치야.

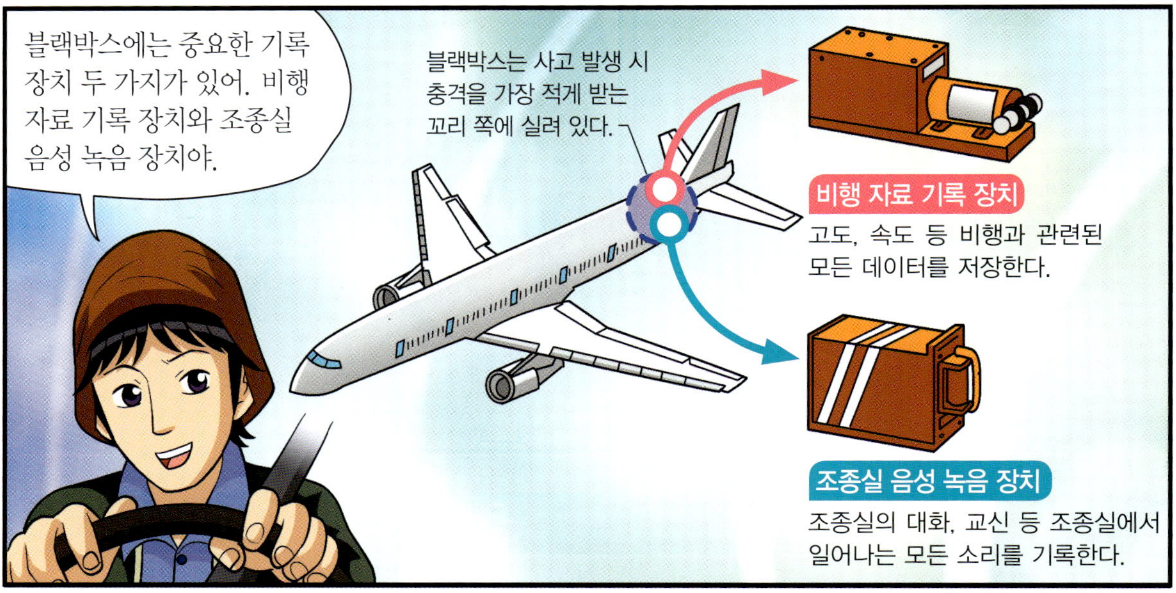

항공기용 블랙박스는 길이 50 cm, 너비 20 cm, 높이 15 cm가량의 크기로 강한 충격이나 화재, 침수 등에도 견딜 수 있는 특수 합금으로 만든다. 자기 무게(약 11 kg)의 3,400배의 충격을 견딜 수 있고, 섭씨 1,100도에서도 30분을 견딜 수 있다. 사고 후 위치를 찾아낼 수 있게 위치 수신기가 달려 있다.

그런데 차에 있는 블랙박스는 영상을 녹화하는 장치 아니에요?
항공기용 블랙박스랑은 좀 다른 것 같아요.
아, 차량용 블랙박스는 크게 두 가지로 구분해. 항공기용 블랙박스랑 비슷한 건 사고 기록 장치야.
사고 기록 장치요?
사고 기록 장치는 항공기용 블랙박스처럼 사고 시 페달이나 핸들 조작, 자동차 속도 등의 정보를 디지털 데이터로 기록한다. 대부분 제조사가 차를 만들 때 내부에 설치하기 때문에 여기에 기록된 데이터는 제조사의 도움 없이는 보거나 분석하기 어렵다.
안 보이는 곳에 이미 들어 있지!
다른 하나는 차의 운행을 영상으로 녹화하는 블랙박스로 차 안에 설치한다. 대시캠이라고도 한다.
아! 이게 흔히 우리가 말하는 블랙박스구나.
영상과 소리, 시간, 속도 등도 함께 녹화돼.
최근에는 영상도 녹화되면서 사고 기록 장치처럼 운행 정보도 함께 기록하는 블랙박스도 나왔어.
블랙박스도 점점 발전하고 있네요.

메모리 카드를 빼내지 않고 와이파이(WiFi)를 통해 휴대 전화나 태블릿으로 영상을 확인할 수 있다.

차선을 벗어나는 경우 경고 음을 울려 졸음이나 부주의로 인한 사고를 예방한다.

사고 발생 시 문자 통보와 함께 영상이 전송되어 운전자가 다른 곳에 있어도 곧바로 알 수 있다.

*와이파이 : 일정 거리 안에서 무선 인터넷을 할 수 있는 통신 기술
*태블릿 : 손가락이나 터치 펜으로 조작할 수 있는 휴대형 컴퓨터

과속 단속 카메라

고정식 과속 단속 카메라

도로의 기둥에 설치하는 단속 카메라로, 위치가 노출되어 있다. 운전자가 단속 카메라가 있는 곳에서만 속도를 줄이면 단속하기 힘들다는 단점이 있다.

이동식 과속 단속 카메라

그때그때 필요한 장소에 설치하는 단속 카메라로, 위치가 노출되어 있는 고정식 카메라와 달리 언제 어디에 설치될지 몰라 운전자들을 조심시키는 효과가 있다.

아쉽지만
반만 맞았어!
반이요?
부웅
고정식 과속 단속 카메라는 속도를 재는 센서가 공중에 달린 카메라가 아니라 바닥에 있거든.
고정식 카메라가 설치된 곳의 바닥에는 10~20미터 간격으로 센서가 깔려 있다. 차가 지나가면 센서에 전기 신호가 발생해서 센서 사이를 지나가는 시간으로 속도를 재고, 이때 차가 과속하면 카메라가 사진을 찍는다.
센서 1
센서 2
속도 = 센서 사이의 거리 / 자동차가 두 센서를 지나간 시간
센서가 바닥에 있었다니!
아, 그래서 사람들이 거기를 지날 때만 속도를 줄이는구나.
맞아, 그래서 구간 과속 단속도 있어. 센서를 멀게 수 킬로미터 간격으로 두고, 시작되는 지점과 끝나는 지점의 평균 속도를 재.
조심해야겠네요. 저도 아빠한테…
그래, 알려 드려.
아니야, 됐어.

그럼 제 얘긴 틀린 건데 반이 맞았다는 건 뭐예요?
이동식 단속 카메라의 원리는 엄지 말대로야.
이동식 단속 카메라는 달리는 차에 1초에 400번 정도 레이저를 쏘고 차에서 반사되는 신호를 받는다. 이때 레이저의 이동 거리와 왕복 시간을 계산해 평균 속도를 측정할 수 있다. 만약 측정 중인 차가 입력된 속도를 넘으면 카메라에 사진이 찍힌다.
번호판 인식 최대 가능 거리 100미터
그러고 보니, 도로에 카메라가 엄청 많아요.
이게 다 과속 단속 카메라인가?
도로에 설치된 카메라 중에는 버스 전용 차로를 위반하는 차나 과적 차량을 단속하는 카메라, 단순히 교통 정보를 파악하거나 경각심을 불러 일으키기 위한 가짜 카메라도 있다.
붕
어? 저기!
단속에 걸렸구나.
역시 정의는 살아 있어!
과속하셨습니다. 면허증 보여 주시죠.

틀어진 약속, 어긋난 마음

*클라우드 : 컴퓨터 파일을 인터넷을 통하여 중앙 컴퓨터에 저장할 수 있는 공간

다녀왔습니다!
덜
컹
네, 알겠습니다. 지금 바로 가죠.
아빠….
어, 꼼지 왔니?
멈칫
설마… 오늘도 못 가요?
그게, 회사에 일이 생겨서….
이번에는 꼭 간다고 했잖아요! 오늘만 기다렸는데! 약속했잖아요!
그렁그렁
아빠는 엄마보다 회사 일이 더 중요하죠? 그렇죠?
아니야, 꼼지야.
우아아앙

됐어요, 이제 다시는 아빠 말 안 믿을 거예요!
홱
꽝
꼼지야…!
꼼지야, 너무너무 미안해.
그런데 아빠 지금 나가야 돼. 할머니 금방 오실 거야.
똑
똑
흑 흑
흑
아빠 진짜 미워!
철커덕
스윽
타닥타닥

내 정신 좀 봐. 지갑도 안 챙겨 나왔네.
삑
삑
삑
삑
이게… 뭐지?
스윽
할머니,
저 오늘 친구네
집에서 자고
올게요.
걱정 마세요.
- 꼼지
여태 한 번도 친구네 집에서 잔 적이 없는데.
이 녀석 대체 어딜 간 거야!
벌컥
설마…?

똑똑한 AI CCTV

서울 중앙 경찰서
탁 탁 탁
그러니까 아이 혼자 어디로 간 것 같단 말씀이시죠?
친구네 집에서 잔다고 쪽지를 남기긴 했는데, 연락해 보니 친구들은 다들 모르겠대요.
컴퓨터로 버스 터미널을 검색했더라고요. 아이 엄마가 있는 요양 병원에 혼자 간 것 같아요.
휴대 전화가 꺼져 있어서 연락도 안 되고, 위치 추적도 안 돼요.
걱정 마세요. 저희가 아이를 찾겠습니다!
서 형사님!
슥

여기는 어디죠?
시범적으로 AI CCTV 시스템을 운영하는 곳입니다.
이 시스템으로 아이를 찾을 수 있을까요?
아이 얼굴을 입력하면 위치를 추적할 수 있을 겁니다.
아이 사진을 입력해 이동 경로를 찾겠습니다.
네, 데이터를 모아 주세요.
제발 무사해야 할 텐데….
분석할 때까지 조금 기다리시죠.
네, 꼭 찾을 수 있겠죠?
여기 있는 AI CCTV는 인공 지능 CCTV입니다.
그게… 뭐가 다른가요?
길거리와 교통 시설 곳곳에 설치된 CCTV의 데이터를 이용하면 생각보다 많은 정보를 수집할 수 있습니다.
곳곳에서
지켜보고
있다!

하지만 사람이 일일이 화면을 확인하다 보면, 능률도 낮아지고 중요한 정보를 놓치기도 하죠.
쿵
오랫동안 보고 있으니 집중력이 떨어지네.
그래서 AI CCTV가 탄생한 겁니다. 사람 대신 영상을 알아서 분석하고 판단하는 거죠.
CCTV 스스로요?
예를 들어, 누군가 여성의 가방을 훔쳐 달아났다고 해 보죠.
탓
꺄악!
여성의 비명을 들은 AI CCTV는 소리가 난 곳을 찾아 범인을 촬영하는 한편, 범죄가 일어났음을 판단해 근처 경찰서로 신고를 합니다.
지잉
범행 발생! 범인 확인 완료!
범인 얼굴을 인식한 AI CCTV는 다른 CCTV 데이터를 활용해 범인을 추적하기 시작합니다.
행 열차가 있습니다.
지잉
범인은 지하철 승차장에 있다!
CCTV가 범행 현장의 목격자도 되고, 경찰도 되는 거네요?
그렇습니다.

AI CCTV가 할 수 있는 일

한곳을 배회하거나 남의 집에 침입하는 것, 물건을 버리는 것, 길에 쓰러지는 것, 싸움이 난 것, 방화하는 것 등 특정 행동을 탐지해 사고를 예방한다.

특정인의 얼굴을 인식한 뒤, 수많은 CCTV 데이터를 활용해 그 사람의 움직임을 추적할 수 있다. 사건의 범인이나 실종자를 찾는 데 도움이 된다.

매장에 들어서는 사람들의 수와 동선을 파악하고 어떤 곳에 많이 머물렀는지 확인해 기간별, 날짜별로 고객 정보를 수집한다.

터널 안에서 교통 사고가 나면 자동으로 소방서에 알리고 구조를 요청한다.

형사님, 분석 끝났습니다!
은행에 들렀다가 버스를 타고 고속버스 터미널로 갔습니다.
꼼지가 어떤 길로 갔고, 무슨 일을 했는지 한눈에 다 보이네요.
이게 AI CCTV의 위력이지요.
30분 전에 고속버스를 탔어요. 그쪽 경찰서에 연락해서 터미널로 경찰을 보내겠습니다.
감사합니다.
꼼지 아버님은 저와 함께 움직이시지요.
형사님도 같이 가십니까?
사건을 맡았으니 끝까지 책임져야죠!
불끈

오해 그리고 진실

타닥
두리번
이제 어디로 가야 하지…?
두리번
어디 가니? 아저씨가 좀 도와줄까?
정말요? 감사합니다.
스으윽
아름 요양 병원에 가야 해요.
가자, 아저씨가 데려다줄게.
잠깐!
콰악

잠시 뒤
꼼지야!
후다닥
꼼지야, 괜찮아?
훌쩍
하마터면 큰일 날 뻔했습니다. 잠깐 사이에 소매치기가 접근했더라고요.
뭐라고요?
홱
무사해서 정말 다행입니다.
이 녀석! 여기가 어디라고 혼자 와! 아무나 따라가면 어떡해!
버럭
엄마가 너무너무 보고 싶었어요. 아빠가 안 데려다주니까, 혼자서라도 온 거라고요!
벌떡
꼼지야….

아빠는 회사 일만 중요하잖아요. 우리 가족은 하나도 안 중요하고요!
그렇지 않아, 꼼지야.
우아앙
거짓말! 이제 아빠 말은 안 믿을 거예요!
꼼지 아버님, 이제 사실대로 얘기하는 게 좋겠어요. 여기 오면서 저한테 한 말씀이요.
네, 더는 숨길 수가 없겠네요.
후
뭘… 숨겨요?
꼼지야, 사실 아빠는 그동안 주말마다 엄마한테 갔었어.
멈칫
너랑 같이 가려고 할 때마다 엄마 몸 상태가 좋지 않아서 데려갈 수가 없었지. 엄마가 너한테 아픈 모습 보이고 싶지 않다고 해서.
엄마가 왜요?
그야 널 걱정시키고 싶지 않으니까.

그래서 나한테는 회사 일이 바쁘다고 거짓말하고, 아빠 혼자 갔다고요? 말도 안 돼!
네가 걱정할까 봐 그랬는데, 오히려 상처를 준 것 같구나.
그동안 엄마는 나 몰라라 하고 회사 일만 한다고, 내가 아빠를 얼마나 원망했는데….
미안하다, 꼼지야.
그럼 이번에도 혼자 가려고 한 거면, 엄마가 안 좋은 거예요?
그래….
꼼지야, 얼른 병원 가자. 이번엔 같이!
네.
훌쩍
내가 형사라서 딱 보면 아는데, 너희 아빠는 가족을 엄청 사랑하셔. 그러니까 앞으로는 이러면 안 돼! 알았지?
네, 다시는 안 그럴게요.
형사님, 정말 감사합니다!
척
네, 어서 병원에 가 보세요!

빼꼼
지금은 면회가 안 된대. 좀 기다려 보자.
네.
아빠… 오늘 정말 죄송해요.
나도 아까 화내서 미안해.
그런데 저 어떻게 이렇게 빨리 찾았어요?
인공 지능 CCTV 덕분에. 너 은행에도 들렀지?
그것도 알아요? CCTV 정말 대단하다.
그래서 말인데, 우리 집에도 홈 CCTV를 설치할까 해.

홈 CCTV

기존의 CCTV가 영상 저장 장치를 따로 두는 것과 달리, 홈 CCTV는 대개 인터넷에 연결해서 사용하는 IP 카메라를 이용한다. 네트워크로 연결된 서버에 영상을 저장하기 때문에 기존의 CCTV보다 작고 가벼운 데다 정전이나 화재, 손상 등으로 CCTV가 망가져도 저장된 영상이 훼손되지 않는다. 더불어 서버에 접속만 하면 언제 어디서든 휴대 전화나 태블릿 같은 휴대 기기로 실시간 영상이나 저장된 영상을 확인할 수 있다.

사물 인터넷

각종 사물에 부착된 센서에서 얻은 데이터를 인터넷을 비롯한 각종 통신망을 통해 사물끼리 주고받는 기술을 뜻하며, IoT(Internet of Things)라고도 쓴다. 스마트폰과 전등, 자동차 스마트키와 자동차가 서로 데이터를 주고받는 것처럼 사람의 개입 없이도 사물과 사물이 소통할 수 있다.

사물 인터넷의 발달로 홈 CCTV의 역할은 점차 확대되고 있다. 얼굴 인식으로 낯선 사람의 침입을 확인하고, 위치와 움직임을 감지해 응급 상황을 알려 주기도 한다.

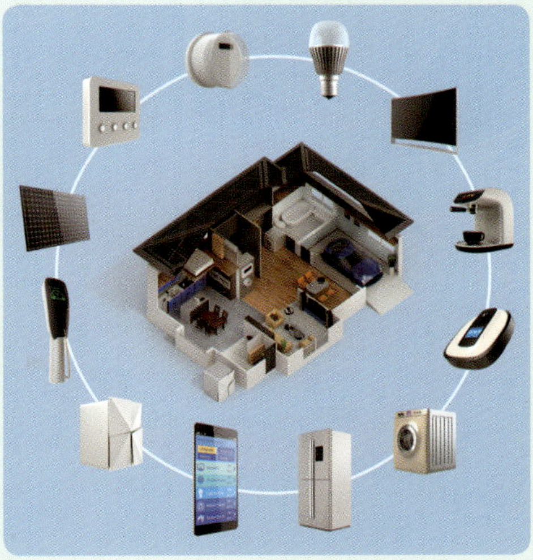

설마, 아빠도 저 지켜보려고 그러는 거예요?
그런 거 아니야.
척
요즘 홈 CCTV는 양방향 소통이 가능해서 서로 대화를 나눌 수 있대.
할머니, 제가 보내 드린 카디건 입으셨네요.
그래, 잘 어울리지?
아, 그럼 엄마가 저를 매일 볼 수 있겠네요? 저도 엄마 목소리 듣고요.
그렇지.
좋아요! 당장 설치해요!
그러자.
벌떡
어쩌죠? 오늘은 면회가 안 돼요.
아, 네. 알겠습니다.
괜찮아요, 엄마 얼굴 봤으니까요. 다음 주에 다시 와요!
어리다고만 생각했는데, 어느새 이렇게 컸는지….

공모전, 그 결과는?

다음 날
꼼지야!
다다다
괜찮아? 어제 얘기 듣고 깜짝 놀랐어.
어어, 괜찮아.
덥석
꼼지 걱정 많이 한 건 알겠는데, 이제 손 좀 놓지 그래?
쏙
난 그냥….
그나저나 어제 사진은 좀 골랐어?
아니, 연결이 안 돼서 하나도 못 봤어.
짠! 그래서 오늘 가지고 나왔지.
이제 연결되는 거 확실해?
샥
자, 봐 봐. 이제 잘 된다고!

탁
오, 이게 공모전 사진 찍은 거야?
너 그거 빨리 줘!
좀 보자~
휙!
이리 안 내놔?
으앗!
확
꾹
삭제하시겠습니까?
파앗
으아악!
어떡해! 사진이 다 지워졌어!
뭐라고?
내가 그런 거 아냐….

2주 뒤
자, 이번에는 초등부 대상을 발표하겠습니다!
웅성
웅성
드디어 발표한다!
꿀꺽
영예의 대상은 바로 예림초등학교 포토패밀리 팀!
척
됐어!
이럴 줄 알았다니까!
대상이다!
벌
떡

2주 전
우리 이제 어쩌지?
다시… 찍어야지 뭐.
곰곰
어떻게 또 다시 찍어!
그럼, 다른 방법 있어?
얘들아, 이렇게 하면 어떨까?
어떻게?
빨리 얘기해 봐.
내일 우리 집에 홈 CCTV 설치하기로 했거든.
홈 CCTV?
응. 병원에 계신 엄마가 내 모습을 지켜보고, 나한테 말도 걸 수 있대.
그런 게 있어?
그래서, 홈 CCTV를 통해 내가 엄마와 함께 하루를 보내는 걸 담으면 어떨까?
오, 난 좋은데?
짝
카메라와 함께하는 가족의 일상? 괜찮다!
척

다시 2주 뒤
자, 그럼 대상 작품을 함께 감상하시겠습니다.
으~ 떨린다.
어떤 멋진 작품을 만들었는지 볼까?
두근
두근
꼼지의 하루
오늘 점심은 볶음밥이다!
아빠만 믿어!
하나만 더 하면 완성인데!
BINGO
빙고!
녀석, 많이 피곤했나 보네.
꼼지와 아빠의 하루를 잘 보셨나요? 그런데 여기에는 한 사람이 더 있습니다.
바로 꼼지의 엄마입니다. 꼼지 엄마는 어디에 계실까요?

그게 아니라니까요!
채소를 더 잘게 썰어야
한다고요!
빙고!
이번엔 엄마가
이겼지?
고생이 많죠?
내가 좀 더 힘내서
얼른 퇴원할게요!
곰지 엄마는 멀리 병원에 계십니다.
하지만 일상을 곰지와 함께합니다.
멀리 떨어져 있어도
항상 함께인 소중한 그 이름,
바로 가족입니다.
짝
이야, 가르친
보람이 있는데?
짝
짝
기초만 배웠지, 나머진 다
저희가 알아서 했거든요?

자, 그럼 대상 수상 소감을 듣겠습니다.
이번 공모전에 참가하면서 참 많은 걸 배우고 느꼈습니다.
아름다운 풍경을 남기고 싶다는 사람들의 의지에서 출발한 카메라, 그 이후 과학 기술이 발달하면서 이제 카메라는 우리 생활과 떼려야 뗄 수 없게 되었습니다.
추억을 담는 사진에서부터,
인공 지능의 센서까지! 다양한 분야 곳곳에서 쓰이고 있죠.
슥
슥
저희는 이런 카메라 기술이 사람과 사람을 연결해 주는 데 그 의미가 크다는 사실을 깨달았습니다.
앞으로도 사람의 마음을 담는 사진을 찍겠습니다. 감사합니다!
짝
짝
짝
짝

엄지야, 저기!
축하해! 사진 다 날렸다고 울고불고하더니, 잘했네.
쭈뼛
쭈뼛
웬일로 네가 칭찬을 다 하냐?
아니, 뭐, 사진 날린 거 내 탓도 있어서 좀 미안하기도 하고….
꼼지락
괜찮아. 덕분에 더 좋은 사진 찍어서 대상 탔으니까.
맞아, 진주 너 아니었으면 우승 못할 뻔했어!
홱
꼭 그렇게 얄밉게 말해야 해?
근데 너희 둘, 좀 친하게 지내 봐. 성격도 되게 비슷한데.
아니거든?
뭐, 다음에 공모전 있으면 나랑 같이 해 보든가.
피식
그러든가.

꼼지야, 너무 늦었지?
아빠! 못 오신다면서요?
탁 탁 탁
엄마가 빨리 보고 싶대서.
쑥
저희 대상 탔어요!
꼼지 아이디어, 정말 최고였어요!
엄마, 금방 보러 갈게요!
척

Why? 카메라

카메라

카메라는 정지 상태의 사진을 찍는 스틸 카메라와 움직이는 영상을 촬영하는 비디오카메라로 나눌 수 있어요. 개인의 일상이나 사건 기록뿐만 아니라 과학, 의학, 상업, 공업 등 사회 전 분야에 걸쳐 다양한 용도로 쓰이고 있지요.

SNS

소셜 네트워크 서비스(Social Network Service)의 줄임말로 사회 관계망 서비스라고도 해요. 사람들 사이의 관계를 구축해 주는 온라인 서비스이며 페이스북과 트위터 등이 대표적이에요.

볼록 렌즈와 오목 렌즈

볼록 렌즈는 가운데가 볼록하고, 오목 렌즈는 가운데가 오목해요. 빛은 다른 물질을 만나면 경계 면에서 꺾이는데, 이 현상을 굴절이라고 해요. 공기 중에서 곧게 나아가는 빛은 물을 만나면 방향이 꺾이는데 볼록 렌즈는 빛이 가운데로 굴절되게 한 점에 모이고, 오목 렌즈는 빛이 바깥으로 굴절되어 퍼져요.

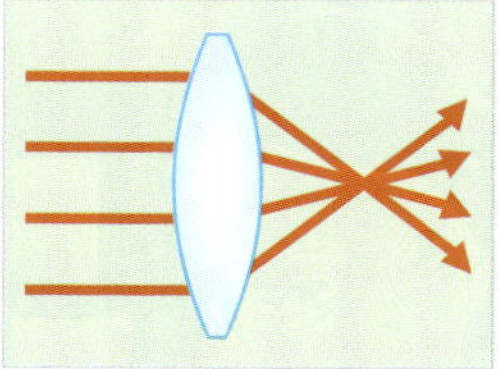
볼록 렌즈는 빛이 가운데로 굴절되어 한 점에 모여요.

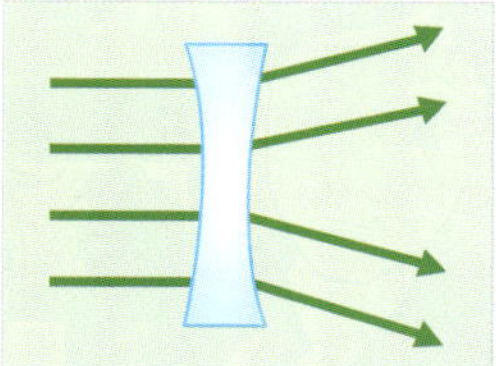
오목 렌즈는 빛이 바깥으로 굴절되어 퍼져요.

카메라 오브스쿠라

라틴어로 '어두운 방'이라는 의미로 카메라에 상이 맺히는 기본 원리예요. 어두운 방의 벽에 아주 작은 구멍을 뚫으면, 그 구멍으로 빛이 들어와 반대쪽 벽에 바깥 풍경이 위와 아래, 왼쪽과 오른쪽이 뒤집힌 채로 보여요.

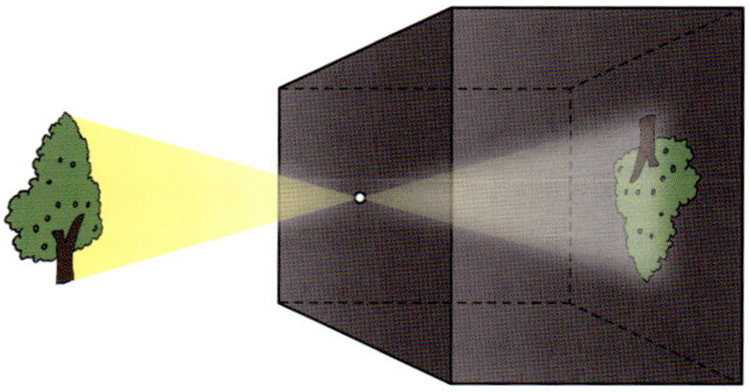

헬리오그래피

프랑스의 발명가 니엡스가 비투먼(아스팔트의 일종)을 이용해 풍경을 보존했어요. 금속판에 비투먼을 칠하고 카메라 오브스쿠라에 장착해 햇빛에 노출시키면, 햇빛이 닿은 부분이 굳어서 하얗게 변해요. 이후 굳지 않은 부분을 씻어 내면 풍경이 남게 되지요. 니엡스가 발명한 이 방법은 '태양으로 그린 그림'이라는 뜻으로 헬리오그래피라고 합니다.

다게레오타입 카메라

렌즈가 달린 나무 상자와 이보다 조금 작은 유리를 붙인 나무 상자를 연결해 만든 카메라예요. 은판(은을 입힌 구리판)을 아이오딘에 감광시켜 빛에 민감하게 만들고, 카메라에 은판을 넣고 사진을 찍어요. 그런 다음 은판을 수은 증기에 쐬어 이미지가 드러나게 한 뒤, 소금물에 담가 이미지를 고정시켰어요. 이 방법은 사진 찍는 시간을 8시간에서 20분으로 단축한 획기적인 발명이었습니다.

1837년 다게레오타입 카메라로 처음 찍은 정물

더 코닥 카메라

1888년 미국의 사진 기술자인 이스트먼이 만든 대중용 카메라예요. 코닥 카메라는 사진 100장을 찍을 수 있는 롤필름을 넣어 판매되었어요. 구매자가 사진을 다 찍고 카메라를 이스트먼의 회사로 보내면, 회사는 새 필름으로 갈아 끼운 뒤 현상된 필름과 인화된 사진을 집으로 보내주었다고 해요.

화소

디지털 이미지는 아주 작은 사각형 점들이 모여서 만들어져요. 이 각각의 점을 화소, 다른 말로 픽셀이라고 해요.

디지털 이미지를 크게 확대해 보면 사각형으로 되어 있어요.

칼로타입 카메라

칼로타입 카메라는 다게레오타입과 반대로 음화를 만들고 이것을 다시 양화로 바꾸는 방식의 카메라예요.

칼로타입 현상 과정

❶ 질산 은과 아이오딘화 포타슘 용액에 담근 종이를 카메라에 넣고 촬영하면 잠상이 생겨요.

❷ 이 종이를 아세트산으로 산성화한 질산 은 수용액으로 현상하면 보이지 않던 잠상이 음화로 나타나요.

❸ 이 음화를 다시 양화로 바꾸어 염화은 감광지에 인화하면 사진이 완성됩니다.

셔터

셔터는 사람의 눈꺼풀과 비슷한 역할을 하는 장치로, 렌즈를 통해 들어오는 빛의 시간적인 양을 조절해요. 셔터 속도가 빠르면 빛이 순간적으로 들어와 사진이 어둡고, 셔터 속도가 느리면 빛이 많이 들어와 사진이 밝아요. 또 셔터 속도가 빠르면 큰 움직임도 흔들리지 않고 선명하게 찍을 수 있는 반면, 셔터 속도가 느리면 부드럽고 연속적인 흐름을 표현할 수 있어요.

셔터 속도 160분의 1초로 찍은 사진

폭포에서 물이 떨어지는 찰나가 담겨 있어요.

셔터 속도 5초로 찍은 사진

폭포에서 떨어지는 물의 부드러운 움직임이 느껴져요.

조리개

조리개는 활짝 열면 빛이 많이 들어오고, 조이면 빛이 적게 들어와요. 또 심도도 조절할 수 있는데, 조리개 값이 클수록 심도가 깊고, 조리개 값이 작을수록 심도가 얕아요.

조리개 값 F1.4로 찍은 사진

심도가 얕아요. 배경은 초점이 안 맞아 흐릿해요.

조리개 값 F16으로 찍은 사진

심도가 깊어요. 전체적으로 초점이 선명해요.

ISO 감도

ISO 감도는 빛에 얼마나 민감하게 반응하는지를 말해요. 감도를 높이면 적은 빛으로도 밝은 사진을 찍을 수 있지만 선명도는 거칠어진답니다.

ISO 100으로 찍은 사진
어둡지만 깨끗해요.

ISO 640으로 찍은 사진
밝기가 적당해요.

ISO 1600으로 찍은 사진
밝지만 거칠어요.

시네마토그래프

1895년 뤼미에르 형제가 발명했어요. 영상을 촬영하는 카메라인 동시에, 촬영한 영상을 대형 화면에 비춰 여럿이 함께 볼 수 있게 상영하는 영사기이기도 해요.

시네마토그래프 작동 모습

필터

렌즈로 들어오는 빛을 조절해서 원하는 효과를 낼 수 있도록 도와주는 장치예요. 강한 자외선으로 인한 흐림 현상을 예방하는 UV 필터, 너무 강한 빛을 줄여 주는 ND 필터, 불빛을 여러 갈래로 나타내어 환상적인 분위기를 연출하는 크로스 필터 등이 있어요.

창에 빛이 반사되어
산만한 사진

편광 필터를 사용해
반사를 없앤 사진

PHOTO CREDIT

24p 디지털카메라의 구조 ©Astrocog / **47p** 카메라 더 코닥 ©National Museum of American History / **51p** 코다크롬으로 촬영한 런던 ©Chalmers Butterfield / **56p** 이안 반사식 카메라 ©Frode Inge Helland / **57p** 하이엔드 카메라 ©SONY / **100p** 조이트로프 ©Runner1616, 프락시노스코프 ©obscuriosity / **101p** 주프락시스코프 ©Zoopraxiscope

그 외 123RF, 게티이미지코리아, 예림당